为 人 生 提 供 领 跑 世 界 的 力 量

BLACK SWAN

学会说话

带团队沟通技巧进阶指南

（日）佐佐木常夫 著　尹凤竹 译

文化发展出版社
Cultural Development Press

图书在版编目（CIP）数据

学会说话 /（日）佐佐木常夫著；尹凤竹译．—北京：文化发展出版社有限公司，2017.8
ISBN 978-7-5142-1910-4
Ⅰ．①学… Ⅱ．①佐… ②尹… Ⅲ．①企业领导－语言艺术 Ⅳ．①F272.91

中国版本图书馆 CIP 数据核字 (2017) 第 215851 号

著作权合同登记号：01-2017-4517

学会说话
著　　者：（日）佐佐木常夫
译　　者：尹凤竹

出 版 人：武　赫
责任编辑：肖润征
出版发行：文化发展出版社（北京市翠微路 2 号　邮编：100036）
网　　址：www.wenhuafazhan.com
经　　销：各地新华书店
印　　刷：三河市文通印刷包装有限公司

开　　本：880mm × 1230mm 1/32
字　　数：100 千字
印　　张：6
印　　次：2017 年 10 月第 1 版　2018 年 1 月第 2 次印刷
定　　价：36.80 元
I S B N：978-7-5142-1910-4

目　录

目　录

第二章 能够说动对方的说服力

目　录

目　录

第四章　让意见更容易被采纳的说话方式

前言

做一个“会说话”的领导

领导的工作就是决定团队前进的方向

领导只能通过“话语”
将自己的所思所想传达给团队的成员

领导必须要有一定的“说话能力”!

我也曾是一个不善于说话的人

“会说话”是作为领导的一种很重要的能力。

领导所说的每一句话，都将决定着整个团队发展的方向，也是团队中每一位成员的行动方针。

因此，作为领导，必须能通过话语将自己的所思所想完整准确地传达给团队中的成员。否则，无论是多么了不起的构想，如果不能准确传达给对方的话，整个团队将会陷入一片混乱的状态。

其实，我曾经也非常不善于说话。虽然现在的我可以在很多人面前演讲，但在以前，只要一参加很重要的会议，我总是会特别特别紧张，最终导致心里原本所想的内容没有全部表达出来。

但是，就是那样的我，也有值得炫耀的地方。

因为，我后来开始有意识地锻炼自己的说话能力，经过不懈地努力，终于克服了这个缺点。实际上，在我晋升为领导之后，就开始有意识地在这方面下功夫，才使得说话能力有了显著的提高。

所以，即使现在的你仍在为不善言辞而苦恼，也完全不用担心，只要开始好好锻炼自己的说话能力就好了。

读完本书后，对其中感兴趣的部分，一定要亲身去实践！

“工作”以及“与他人的交流”都会有所改变

掌握“学习的能力”

我在一些培训和研修课程的第一堂课上，常常会这样说：

“在座的各位，无论你们接受多少次这样的培训和研修，都不会对你有任何益处。在你们当中，十个人中差不多只会有一个人能够将今天研修所学到的东西应用到今后实际的职场中。而我的培训也可以说就只是为这样的人而做的。

“等到研修结束后，大概各位才会明白今天我所说的话，说不定还有人愿意把我的话转达给其他人吧。但是，各位的状态也只不过是停留在‘明白了’我的话而已。

“不管你听过多么正确的道理，或是读过多么好的一本书，抑或是看过一部多么棒的电影，如果你不能将你领悟到的东西落实到实际行动中的话，这些知识的积累都不可能为你带来任何益处。

“其实，我想说的就是，如果一个人不具备学习能力的话，无论他听过多少道理、读过多少书，都不可能收获成长。

“一般人即使从他人那里听到什么道理，也不愿意将其转变成自己的行动。

“另一方面，具备学习能力的人，则是怀着谦虚的心态、努力上进的人。他们愿意学习一切能学到的东西，并在消化吸收后变成自己的一部分。”

本书的内容，就是对迄今为止我所实践的“说话方法”“如何锻炼说话能力”的解说。

无论是哪个方面的内容，最重要的一点，就是要能将这些知识化作实际行动，去亲身加以实践。

如果您能因为本书而获得改变，那我将不胜荣幸。

佐佐木常夫

第一章

锻炼瞬间抓住对方心弦的说话能力

作为领导，必须要有志向，同时也要有用话语将其表达出来的能力。

没有远大志向的领导是带不了团队的。但是，无论多么了不起的志向，如果不能将其传达给对方的话，也是无济于事的。

本章将介绍对于一个领导来说，如何锻炼不可或缺的“说话能力”。

1. 培养在笔记本上记“名言警句”的习惯

对于领导来说，“话语”是最大的武器

我一直认为“话语”是一个领导最大的武器。要想将自己对工作的考虑、对未来理想的描绘传达给下属，除了依靠“话语”，别无他法。

下属在听了领导的发言之后，能够产生“原来如此，情况的确如他所言的那样，我也要继续跟随他去拼搏”这样的感受，就说明他领悟到了领导的想法，并能将其转化为行动。因此，作为一个领导，除了要通过话语将信息准确地传达给对方外，更重要的是要注意用语和措辞，以求能够打动对方的心弦。

不过，对于那些反应不够灵活，同时也不善表达的人来说，是很难做到根据具体的情况脱口而出一些名言警句，从而打动对方心弦的。我相信大家也都有过类似的经验吧，心中有“想

要表达的内容”，却总是苦于无法将其转变为恰当的话语。

“名言警句”不是自己原创的也没关系

我在这里想向大家推荐的方法，就是任何时候，当我们看到觉得将来能用得上的“名言警句”，就马上把它记录在笔记本上。而且，还要时不时地读一读抄写的这些笔记。

这样一来，就能让这些句子深深地印刻在我们的头脑中，并能在以后适当的场合，有效地运用起来。

例如，我在指导下属工作时，常常会说的一句话，就是：“优秀的模仿胜过蹩脚的创新。”每次当我遇到有的下属在面对某项业务，完全不参考先例而是想着独立创新时，就会这样对他说：“这个项目不应该是从零开始去做的，如果能参考之前项目的一些做法，很快就能完成。正所谓‘优秀的模仿胜过蹩脚的创新’啊！”

“优秀的模仿胜过蹩脚的创新”这样的句子，我相信是谁都能记住的一句话。通过这样的方式，领导将自己的想法通过话语清晰地传达给了下属，并能使其印象深刻。

“名言警句”即使不是自己原创的也没有关系。我们在读书时，如果看到了非常不错的句子，都可以抄写到笔记本上。

很早以前，我就有对所读过的书，将书名、作者、让我感动的内容等记下来的习惯。

在此基础上，特别是在我三十多岁晋升为课长之后，还会将书中一些我喜欢的句子记到笔记本上。俗话说，好记性不如烂笔头嘛。这些句子虽然都是我们从别处借鉴而来的，但当我们记住了这些句子，并能够在今后的工作和生活中运用自如时，其实也就等于是我们“自己的话语”了。

另外，经常用纸笔记录下喜欢的句子，能帮助我们更好地了解自己所喜欢的句子类型，这也是一个很有意思的“意外收获”。

希望大家都能养成这样的好习惯，遇到喜欢的句子就记到笔记本上吧。

名言警句不是自己创造出来的，而是“回想”起来的

所以

要自己创造一条名言可是很难的

遇到感觉不错的句子，提前记到笔记本里

在恰当的场合，用上这句话

优秀的模仿胜过蹩脚的创新

原来如此啊！

· 我自己用过的笔记本

· 将记下的内容变成自己的东西并运用起来

锻炼说话的能力

养成记录名言警句的好习惯

2. 锻炼说话能力的诀窍，关键还是要“写”

养成“写”的好习惯，有助于锻炼说话能力

想要锻炼自己的说话能力，我推荐首先从培养写文章的习惯开始。为什么这么说呢？因为我的说话能力，就是通过写文章锻炼出来的。

我从担任课长代理一职开始，每次要出席重要的会议时，一定会提前将自己的意见、观点总结成文章的形式，然后再到会上发言。

在正式会议开始的几天或一周前，首先将自己的意见和观点写成文字。然后找出其中在理论上自相矛盾的地方进行修改，去掉多余的话，同时将抽象的、暧昧的表述都替换为具体的表述。总之，要对自己的发言预先进行一番推敲。像这样，在完成文章的过程中，一大半的内容其实也都已经牢记在心里了。

做了以上这些准备之后，再去会上发言，将会带来两大好处。

其一，让我们在会议上的发言更容易得到与会人员的认同。想象一下，如果我们在会议开始之前，没有进行充分准备的话，当我们想要表达自己的意见和观点时，难免会让我们的发言变得冗长，观点也不够明确，甚至还会有在理论上自相矛盾的情况发生。

但是，我们通过事前文章化的方式，对所要表达的内容做了提炼，这样其他人可能要花五分钟才能讲完的内容，我们可以压缩到三分钟。并且，我们的观点在理论上可以做到滴水不漏，同时，还可以以通俗易懂的语言阐述出来。像这样几次会议之后，当再发言时，与会者自然会竖起耳朵来听我们所说的内容，那么，我们的观点被采纳和认同的概率也就提高了。也就是说，我们越是锻炼自己的这种措辞能力，越是能让我们的观点得到大家的认同，我们将切身体会到由此带来的效果。

另一大好处就是，通过这种“先写成文章再发言”的方式，也让我们的说话能力得到了锻炼。具体来说，就是锻炼了我们的“理论性表达”“让对方易懂的表现力”“选择能扣住对方心弦的措辞能力”等。这样的话，当我们再向上司汇报，或者向下属发表指示等这些日常性的业务工作时，我们的说话方式将得到极大的改变。

认真思考我们所说的内容

“说出来的话”与“写下来的话”之间最大的区别，就是嘴巴说出来的话，说完就“消失”了，而写下来的话将以文字的形式保留下来。因此，用文章化的方式，有利于我们思考发言是否妥当，从而进行更为细致的检查。

另外，文章化的方式还能带来不一样的思考深度。虽然如今我已出版了多部著作，但每次成书的内容，都是在初稿的基础上经过不断地修改打磨之后才完成的。“这真的是我想表达的内容吗？语感上有什么不同的地方？整个句子哪儿表达得还不够到位？”通过这些疑问，让自己的思考一点点深入，最后形成满意的表达。

因此，为了提高“说话的能力”，我们应养成写文章的习惯，不断积累“提炼句子的经验”。

通过文章化的形式，让自己的说话方式发生改变

仅仅在脑中思考的话

明天我要这样说

到底想要说什么?

到底要说到何时?

因为○○，为了 XX，所以……

根本表达不清楚!

啊，还是得返工啊……

将要说的内容总结成文章

但是，最好以这个顺序来组织语言

下周我要这样说

嗯！嗯！

总结得很好啊

原来如此

说得好棒

我是这么认为的，原因如下……

很好，工作如预想中一样推进

锻炼说话的能力

发言前一定要先将内容写成文章

3. “只顾着表达自己的人” VS “说对方想听的内容的人”

我们不应该只顾着表达自己，而是要说对方想听的内容

在会谈或会议的场合，有些人会侃侃而谈一些令你不感兴趣的话题，而有些人则会在短时间内将你想了解的信息准确地传递给你。

这两种人的差别，用一句话概括就是“商务意识上的差别”。

有这种“商务意识”的人，可以准确地把握当天在这个场合应该说的内容主题。换句话说，就是面对顾客“知道顾客的需求是什么”，面对下属“知道他正面临着什么样的困难，有什么样的烦恼”，在这样的一种意识前提下，与对方进行交流。

因此，不要只顾着表达自己想说的内容，而应该结合对方想听的内容，有重点地进行表达。这样我们的话中才没有无用的内容，主题才能更加鲜明。

具有“商务意识”的人，也一定能具备商务人士应有的“说话能力”。

在日复一日的会议或面谈中培养自己的“商务意识”

我三十岁刚出头时，看见上司工作时的样子，总会想“我今后绝对不能变成这样的上司”。

当时的工作非常辛苦，深夜加班、休息日加班的情况已经习以为常，但最让人受不了的，还是每次开会的时长。上司是那种会在晚上十点左右平心静气地主持会议，然后一直持续到深夜两三点的人。

如果会议的内容很重要的话，我也就忍了。但是，这样的会议，每次都是将全员召集起来，然后让各个部门依次汇报业务推进的情况。

我当时是企划管理部门的主管，却也要坐在那儿听与我的工作完全没有关系的其他部门的汇报。出席这样的会议，往往无法让人保持注意力集中，我想任何人都不可能在这种情况下，还能认认真真地听他人的发言吧。

基于这样的经验，等到我自己做了领导以后，每次要开会时就先定下一个明确的主题,并且只召集与此有关的成员来参会。

而且在会议正式开始之前，还会再次提醒与会人员当天的会议目的，以及讨论的焦点等。通过这样的方式，让所有参会者都能以“当事人”的意识进行讨论，并且实现“短时间内开完一个内容充实的会议”的目标。

不仅仅是会议，我在与下属进行面谈时，也会在事前设定一个明确的目的，如:“通过这次面谈，了解下属的哪些情况？”同时在交流时还要提醒自己：“他想要表达什么？”这样才能更好地倾听对方的发言。

要想锻炼我们的“说话能力”，就一定要在日常工作中，注重培养自己的这种“商务意识”。

从一个人的说话方式中，也能看出其工作方式

三十几岁的时候

常常会把没什么内容的会议拖很长时间

会前说明会议的目的与讨论的要点，然后正式开会

在日常的工作中锻炼自己的商务意识，同样也能提升说话的能力

锻炼商务意识

- 计划主义
- 自我钻研
- 效率主义
- 简约主义
- 以结果为重

包括了以上这些意识

锻炼说话的能力

要彻彻底底地锻炼自己的商务意识

4. 将真正想要表达的内容总结为一点

简明扼要的毕业典礼祝词

虽然已经过去五十年了，但有一个“发言”令我至今记忆犹新。那就是当时的秋田市市长，在出席秋田高中的毕业典礼时所发表的祝词。

市长走上讲台后，只说了一句话：“祝贺大家今天毕业了。因为大家都希望领导的发言能简短些，所以今天的发言就到此为止。”整个祝词就是这么“简短”。

这让在座的所有人都很吃惊。甚至到今天，我每次遇到高中时期的同学时，还会聊起当年市长的祝词。学生时代参加的各种毕业典礼、开学典礼，听过各种各样的领导发言，但是直到今天还能记在心里的，真的就只有当时市长所说的这两句话。一般来说，校长的发言及来宾的致辞，篇幅都会比较长，但是他们当时说的什么内容，现在却完全想不起来了。只记得典礼当天，自己一直望着天空想着“快点结束就好啦”。

说到想要表达的内容，有时往往越是在人前侃侃而谈、大说特说，对方就越不会记住你所说的话。所以，希望大家都能以“我真正想表达的就只有这个”为出发点，将要表达的内容总结为一点。

一下子谈四五个话题，只会让人搞不清楚“真正想说什么”，而你想表达的重点内容，也会被“淹没”在其他的话语中。

不要浪费与职员直接对话的机会

我在东丽公司上班时，曾经为社长起草过“新年讲话”的发言稿，我当时就参考了秋田市市长的发言，将整个发言稿写得尽可能简短。

很多人一想到社长的“新年讲话”，就自然觉得会是“去年世界的经济态势……”这样有关世界局势与宏观经济的内容吧，其实我反而觉得这样的内容很空洞。“新年讲话”可谓是将社长自己的构想以及公司的理念，直接传达给所有职员的为数不多的绝佳机会。

所以，我只选择了“社长真正想要表达的内容”，以及“应该说给员工们听的内容”，来写成发言稿。虽然不可能做到像秋田市市长那样特别“简短”，但也是只用三分钟就能说完的篇幅。

社长可能会抱怨：“佐佐木君，这样是不是太短了点？我可是要发表十分钟的讲话呀！”但比起具体要说多少分钟的时间来，我觉得更重要的是应该向职员们传递什么内容。将报纸上登载的世界局势冗长地说十分钟，我想谁都不会愿意听下去吧。但如果将与公司的未来息息相关的内容压缩到三分钟的发言时间，大家都会很认真地倾听。

领导在团队成员面前讲话时，首先应明确“我最想传递给他们的信息是什么”。

一旦决定好了最想要表达的内容，就可以让我们的讲话一直围绕着这个中心进行了。这样，才能完成一场打动人心的发言。

“难得的机会，所以有很多想说的”，这反而毫无意义

至今令我记忆犹新的是秋田高中毕业典礼上市长的祝词

锻炼说话的能力

只说最重要的内容，其他都要剔除掉

5. 领导的工作就是要营造合适的“环境”

为了创造出集体的智慧，首先要营造适合讨论的“环境”

我曾写过一本名为《让下属定时返回岗位（工作技巧）》的书，在那本书中，我毫无保留地介绍了迄今为止在实际工作中总结形成的一套时间管理技巧。当然，这个技巧肯定不可能靠我一个人的力量想出来。可以说，是我与下属一起讨论“这样做的话，能不能让工作更有效率”的过程中想出来的点子。

一个人的思想总是有局限的，但就像“三个臭皮匠，赛过诸葛亮”，往往通过集体的智慧，才能催生出好的主意。我们说出自己的观点和想法，然后让他人对此发表意见，针对这些意见，再去发表自己的看法。就在这样反复的过程中，能够逐渐加深我们思考的深度和高度。

因此，我认为领导必须要有为所有成员营造一个能够进行集体讨论的“环境”的意识。虽说平时在传达上级指示时可以不用顾虑太多，但当领导遇到自己也无法解决的难题时，就可以借助集体的智慧了，为此需要营造一个适合集体讨论的环境。

不及时地对气氛加以把控，就不可能让讨论深化

但是，集体的智慧并不是说有了一个集体讨论的环境，就会自然产生的。如果每个成员都是天南地北神侃的话，那就不是讨论会而是杂谈会了。

因此，这就对领导的“语言能力”提出了要求。

作为领导，必须一开始就将讨论的目的与背景准确地传递给所有成员，如“我先来说说，今天为什么把大家召集起来开会”“今天的讨论希望大家以得出结论为目的进行”等。

然后，随着会议的正式进行，还要求领导有对整个会议的把控能力。对于成员的发言，要反复通过“更具体点来说，是什么情况呢？”“总之，你所说的是这种情况吗？”“还有没有不同的看法？”等这样的问题来对场面进行引导和把控，从而让整个讨论更加深入。因此，这种总结和展开的能力，也是作为一个领导不可或缺的。

另外，如果因为某个成员的发言与本次讨论的主题无关，使整个讨论出现跑题时，也可以像“今天讨论的主题是……因此请大家重新回到议题上来”这样，将成员拉回到最初的目的上来。

在这样的讨论会上，领导本身的发言可能会非常少，但没有关系。作为领导，必须要对成员的发言内容有敏锐的反应能力，如果不能及时地加以把控的话，就不可能让讨论深化下去，也不可能产生集体的智慧。

领导对气氛的把控，才能让讨论深化

将大家召集起来想出更棒的主意

让讨论深化进行更有高度的思考

将共同讨论的结果付诸实践

领导的工作就是营造适合讨论的“环境”

而且，在讨论进行中

领导要能明确讨论的目的，
总结大家的发言，并将其深入展开！

锻炼说话的能力

首先，要营造适合讨论的“环境”

6. 即使“变节”，也不会动摇你的地位

引导下属发表意见时，应改变以往固有的意识

商业场合中常常会遇到“答案很明确”的问题，如“只要这样处理就行了”，也会遇到“不深入思考就无法得出正确答案”的问题。

对于存在明确答案的问题，我们就没有必要去征求下属的意见了，只需要以“领导”的身份，将应该完成的事情以“指示”的形式下达，而下属只需要遵照执行就好了。

但是，正如之前所说的那样，领导有时也会遇到自己也无法解决的问题，此时最重要的就是要寻求集体的智慧，所以需要引导下属发表意见。那么这种情况下，就要求领导能够改变自己以往固有的意识。

如果一个领导习惯了“下达指示”的行事风格，就会不自

觉地陷入“只有我才是知道正确答案的那个人，必须由我来指示下属如何工作”的思维定式。但是，这种意识往往会在我们寻求与下属进行平等的讨论时，带来负面的效果。

当然，领导对所遇到的问题，也会有自己的一番考虑，因此，也可以发表自己的观点。但更重要的是，千万不能固执己见。即便下属唱反调，也不要想着去反驳对方的观点，而应该真诚地去倾听。我们进行讨论的目的，不是取得讨论的“胜利”，而是要和下属一起找出更好的答案。

而且，当讨论的最终结果证明自己当初所持的观点欠妥时，也要有收回成见的勇气和大度。

不要害怕“变节”，领导每天也在成长

实际上，我也常常会在听取了很多人的意见之后，想法产生巨大改变。

以前，我曾在朝日电视台一档名为《新闻报道站》的节目中担任评论员的工作。当时，在福岛第一核电站事故发生后不久，需要针对核能发电的问题发表评论观点，我基于对“德国放弃核能发电的前因后果”的调查，在节目中也表明了自己的

观点——还是应该放弃核能发电。当时节目的主持人古馆伊知郎还曾因此揶揄我："作为赞成核能发电的一派，怎么在同一个节目中又说出了截然相反的观点呀？"对此，我的回答是："因为我变节了。"

"变节"这个词乍一听是贬义，但我认为完全没必要害怕承认"变节"。也许还有人会担心"自己的想法发生改变的话，会因此失去作为领导的威信吧"，但是这世间本来就不存在"完美的人"啊。领导也是在不断的试错中一天天成长起来的。我认为，那些不会固执己见的领导，反而会得到身边人的信赖。

引导下属发表意见

下达指示式的意识

最后还是局限于自己的想法

引导对方发表意见的意识

讨论能够逐渐深入

改变自己的意见并不可怕！

要有改变自己意见的勇气

7. 对待“工作”和“人情”，要分别掌握两种说话方式

为了工作上不出差错，下达的指示要非常详细

领导平时的说话方式，在重视“贯彻任务”的同时，也要关心“人情冷暖”。“工作”与“人情”这两方面无法兼顾的话，我们的工作是无法顺利推进的。

我非常讨厌在做事之前毫无计划的、顺其自然的工作模式，因为在职场上我们追求的是高工作效率。因此，为了不让下属在执行时出现差错，我在下达指令时，总是会将“交给谁”“为了达到什么目的”“什么时间截止”“将什么样的工作完成到什么程度”等都交代清楚。

也许就是这个原因，一些听过我有关“工作技巧”的演讲的人，会认为“佐佐木君一定是一个很务实的人，他对下属一

定也是很严厉的吧”。他们肯定是从我的话中，联想到我是一个“很懂得如何有效指挥下属的上司”。

有时也要无视效率，将问题打破砂锅问到底

但是，另一方面，我也是很关心“人情冷暖”的。

这里所说的“人情”，是指领导能够对下属所遇到的烦恼，或者其家庭的一些情况给予关心和考虑。要知道我们的下属都不是“机器人”。即便是布置了同样一份工作，如果下属身心状态都很好时，就能得出一个很好的结果；可如果当时其正经历着个人的烦恼，那么能力就不可能得到百分之百的发挥了。

所以，作为领导要时常观察下属的状态，并且能发现其细微的变化。当下属的脸色难看时，要及时地施以关心：“最近遇到什么事情了吗？怎么看起来很疲劳的样子，没问题吧？”即使只是跟下属说上两句话，也能让其感受到“这个领导，还是一直关注我的”，这会让他更有安心感。

另外，我在与下属一起就其烦恼的事情交流时，从来都不吝啬自己的时间，会一直沟通交流下去，直至找到问题的症结所在，并给出解决问题的建议和援助。这种情况下，我们一定

不能再用之前“下达指令”时的口吻和语气，而是应以“倾听下属的诉说”为最优先考量。

领导在对下属要求工作效率的同时，也不能忘记对其“人情冷暖”方面的关心。这就像是“花样滑冰”运动，既要求技术性，同时也要保持优雅。作为领导，如果不能兼顾二者的话，将很难凝聚人心。

顺便说一下，我有时也会根据说话的内容，有意识地改变自己的声调。例如，有关工作上的事情，我会掷地有声地说；而说起私人方面的内容时，则会营造一个稍稍温和的谈话氛围。

领导的一句话，往往就会改变整个团队的氛围。

工作很重要！人情冷暖也很重要！

工作

人情

下午 3 点前将资料准备好。笔记的程度就可以了

你家的孩子都已经长大了吧?

将报告的内容总结到一张 A4 纸上，下周一之前提交上来

你母校的球队打进甲子园了呢

关心下属“人情冷暖”的场合

现在接电话很熟练了嘛

你家的孩子今年要参加高考了吗?

说话时的语调要温和

不要吝啬时间

要注意到细微的变化

锻炼说话的能力

领导的讲话，要兼顾“工作”与“人情”

8. 只是措辞上的一点小改变，也能给团队带来变化

一直直呼其名的上司，改称“某某君”的瞬间变化

曾经有一个瞬间，会让我产生“啊，终于得到来自上司的认可了”的感觉。那就是上司对我称“佐佐木君”而不是直呼我名字的时候。

我的那个上司是一个对自己的能力非常自信的人，即使是面对他的上司，如果是他不认可的人，也会直呼其名。当然，对我一直也是如此。而在某次会议中，我们进行了一番交谈之后，我从他嘴里听到了“佐佐木君”的称呼。

恐怕这真的只是上司无意识的一种表达吧。不但作为听者的我很惊讶，就是说话的一方也感到很惊讶。可这还是让我感觉他有点儿认可我了，至少在那个上司的心中，肯定还是承认“佐佐木有稍微优于我的地方吧”，所以他才会称呼我“佐佐木君”。

构建互相尊重且平等的、富有凝聚力的团队

在商务人士中，有的人会对职位低于自己的人直呼其名，我这里还是建议不要这样做的好。

原因就在于，这个看似好像对说话者本身没有什么深刻含义的举动，却在不知不觉间使其产生“他是比我级别低的人，所以他是劣等之辈”的意识。但是我们要明白，无论是职位比我们低的人，还是年龄比我们小的人，他们身上都有优于我们的部分。作为一个领导，如果不能从下属身上发现其优秀的部分，也就不可能使下属发挥他的长处，整个团队也无法变得更强。而且，如果不能从下属身上取长补短的话，作为领导，其自身的成长也就停止了。

反之，如果能以“×××君”来称呼下属，就能使其内心的意识发生改变，让下属感觉“我得到了领导的认可”，从而增强了当事者一方的意识，之后会更积极地为团队遇到的问题献计献策。总之，这会加速下属的成长。

因此，我在面对差不多和自己孩子同龄的新员工时，也会称呼他们“×××君”。在东丽经营研究所担任社长时，也要

求大家不要称呼我“佐佐木社长”，而是以“佐佐木君”代之。像这样，以没有职位高低差别的“某某君”来彼此称呼，能够帮助我们构建一个互相尊重且平等的、富有凝聚力的团队。

我不仅是在工作的场合，即便是面对自己的亲兄弟，也会称呼他们“×××君”。对兄长当然不必说，就是对两个弟弟，也是使用这样的称呼方式。我认为即使是自己的兄弟，也还是有很多比自己优秀的地方。虽然只是称呼上的一个小小改变，但其中却有着巨大的差异。

仅仅是称呼方式的改变，也能让团队更强大

这样才能变成互相尊重、高度默契的强大团队

为此踏出的第一步，现在就能去做的事情……

称呼对方时用“XXX 君”

这样的话

- 下属会认为“自己得到了来自领导的认可”
- 领导也应去关注下属优秀的地方

锻炼说话的能力

互相之间称呼时记得加上“XXX 君”

9. 领导不仅要 to do，更要能 to be

领导与管理者的决定性差异

对于担任课长或部长等职务的人，有人会称他们为“团队的领导”，有人则会称他们为“中层管理者”。那么“领导”与“管理者”之间有何差别呢？我认为就是 to be 和 to do 之间的差别。

管理者或者经理的职责，就是让已经决定好的事情，按照正确的轨道执行下去，也就是要去“做”好。而我们对领导的要求，则是要做出正确的决定，也就是 to be 的含义。

成为“领导”的必要条件，就是要能够思考出团队前进的正确方向，并通过自己的话语将其准确地传达给团队中的成员。

作为一个优秀的管理者来说，只要具备能让既定的事情被正确地执行的能力就好了。但是，作为一个领导的话，如果自身的判断出现了错误，就会引领整个组织走向错误的方向。因此，正如某教育家所言，to be 比 to do 更加重要。首先，必须要对团队的发展有一个正确的判断（to be），然后才能谈得上将其正确地加以执行（to do）。

因此，我认为作为一个领导，为达成公司下达的各项目标和任务，而向下属给出具体的指示（to do），这固然很重要，但更重要的是，要能通过自己富有魅力的语言，将团队的使命和前景传达给下属（to be）。只会坚定地完成既定任务，那只能说是一个管理者而已。而能用自己的语言描绘出团队的使命与前景，才能称得上是真正的领导。

只有勤勤恳恳地努力，才能达到 to be

那么，我们应该怎么做才能让自己掌握 to be 的能力呢？我认为只有通过不断地“学习——思考——实践”才能培养这种能力。

例如，读了有关西乡隆盛的书后，对那样的领导者形象刻骨铭心。但是大部分人也就停留在“读了一本不错的书，很受感动”这一阶段了。

关键是我们不能仅仅感动于西乡的生活方式，还要积极地思考西乡作为一个领导者，都有哪些过人之处，然后在生活中去实践这些内容。

“学习——思考——实践”并非仅限于读书，听一场很棒的演讲，看一场很棒的电影，或者与一位真正优秀的领导实际接触等，这些经历都很重要。to be不是一朝一夕就能掌握的能力，但只要你勤勤恳恳地努力，那一天就一定会来临。

作为领导的必要条件首先是要能摆正姿态

对一个领导的要求

“做出正确的决定”

=

to be

对一个管理者的要求

“将已经做出的决议，正确地执行下去”

=

to do

某教育家

to be 是一个比 to do 更为重要的概念

怎么做才能让自己掌握 to be 的能力呢？

学习 — **思考** — **付诸实践** 必须反复这一过程！

光“阅读”“感动”还远远不够，“实践”也很重要！

锻炼说话的能力

要能用自己的语言表述出团队的使命与愿景

10. 我用提前做功课的方法，克服了不善言辞的弱点

我曾经也很不善于在人前讲话

我想，有很多刚当上领导的人，会感觉不善于在人前讲话吧。大家是不是在与下属或客户进行一对一的对话时，都能够轻松自然地说话，可是一到了重要的会议上，不得不面对同样是干部的参会者进行发言时，或者必须在很多人面前发表演讲时，就会特别紧张，原本想表达的内容连一半也没说出来?

实际上，别看我现在每个月都要演讲几场，好像“在人前讲话”已经成为我一半的工作内容，但在我年轻那会儿，也是不善言辞的。

我从小就是个体弱多病的孩子，也不是那种会将心里所想的东西都主动积极地表达出来的性格。刚进公司那会儿，我的直属上司甚至认为：“把任务交给这个家伙，他真的能完成

吗？”

可就是这样的我，现在也能成为一名演讲会的讲师，甚至还当过一段时间新闻节目的评论员，所以大家也都应该有这个自信。通过不断地积累经验，我们能够克服不善于在人前讲话的弱点。

那些意识到自己弱点的人，往往才有发展的可能性

克服弱点的关键，就在于积累微小的成功经验。

在前面的内容中我已经讲过，当必须在会议上发言时，我会提前将发言的内容总结成文章的形式，让自己记住大半内容后再去参加会议。这种事前的准备工作，可以使我更加安心，比起毫无准备的状态来，这能让我以轻松好几倍的状态出席会议。同时，通过事先准备，也能提高自己的意见被认可的概率。

这种成功的经验，还能让我们产生“只要亲自去做，就没有什么做不到”的自信，今后“在人前讲话”这件事，也变得不再那么可怕了。无论多么重要的会议或演讲的场合，只要能发挥出平时的水平，就能让周围的人都认真地倾听。这样就能逐渐克服自己的弱点。

另外，我们也要从失败的经验中学习。当我们无法在很多人面前流畅地说话时，当我们无法准确地传达内心的所思所想时，一定要好好分析和反省失败的原因，并将反省的结果运用到下一次的演讲或者会议中去。

我认为那些意识到自己不善言辞的人，反倒更有发展的可能性。我觉得实际上几乎所有人都是不善言辞的，但是大部分人对此并没有觉悟，甚至也没想过要去改善。那么，这其中能够意识到自己这一弱点，并且试图去克服的人，才真正有可能比身边的人更早地踏出这一步。因此，希望大家能够坚持不懈地努力。

谁都有可能成为能言善辩的人

1. 将发言的内容总结成文章

2. 记住要发言的内容

这么做的结果

发言时可以正常发挥

有了“只要去做就能成功”的自信心，克服不善言辞的弱点

不能很好地表述观点

对为什么会失败进行分析和反省，并运用到下一次的发言中

锻炼说话的能力

积累微小的成功经验

11. 领导的发言中包含“不可违背的内容”以及“可以违背的内容”

商业场合中，几乎所有的内容都是朝令夕改

在一些讲解领导理论的商业书籍中，常常会这样写：“领导的发言千万不能朝令夕改。”但是我却认为领导的发言中既有“不可违背的内容”，也有“可以违背的内容”。

在商业场合，朝令夕改的情况反倒占压倒性的多数。比较容易理解的就是关于“工厂的选址”了。很早以前，有很多企业选择在中国设立生产基地，但是不久后，由于中国国内的人工费上涨，以及国际局势的影响等，越来越多的企业选择将生产基地搬迁至东盟国家。可以预想到的是，如果今后这些东盟国家的人工费也开始上涨的话，这些企业又不得不重新制订计划，寻找新的厂址。

像这样，根据环境的变化做出相应的改变，也是无可厚非

的，甚至可以说应该做出改变。

因此，作为领导，不应再害怕出现“朝令夕改”的问题。即使昨天与今天所说的话都完全不一样，也并不是一件令人惭愧的事情，因为这是面对环境发生的新变化所必须做出的应对之策。

作为公司立命之本的原则不可违背

另外，也有些内容是不可违背的，如“企业的价值观”和“企业的理念”等内容。企业的价值观就是指“不能欺骗顾客”“不能在社会中作恶”等。

不管环境怎样变化，这部分内容是绝对不能违背的。如果一个领导前一天还在说“一切以客户至上”，第二天突然改口说“为了确保公司的利益，即便牺牲客户的利益也没问题”，这样的话，从那一刻起，他就失去了作为“领导”的资格，也失去了下属对他的信赖。

作为公司立命之本的原则性内容，领导者必须坚决地守护和执行。

但在实际工作中，要做到这一点是非常难的。

例如，松下集团就曾将“员工就是家人，因此无论遭遇什么状况，都绝对不会解雇他们”当作企业传统。但是，该公司后来还是从某个时期开始，着手进行裁员，可以把这一做法看作“松下集团违背了自己一直以来所坚守的原则”。

但是，如果不进行裁员的话，就有可能危及公司自身，会让更多的员工前途未卜。因此，只能变通地坚持“继续雇用大多数的员工”的原则。这也是不得已而为之。

对于领导来说，常常要被迫面对这样的艰难抉择。我们在发言和行动时，就必须考虑这些“不可违背的内容”与“可以违背的内容”，以及时不时要面对的“不得不去违背”的情况。

不能适应环境的变化，就无法生存

领导不能害怕“朝令夕改”

但是，
当情况发生变化时

要能灵活应对环境的变化

绝对不能违背的事情

公司立命之本的原则

不得不去违背的事情

为了应对外部环境的变化，
工厂的选址、
目标市场的判定等

对于公司立命之本的原则，绝对不能违背

专栏一　打动人心的话语

“思考会化作语言，落实成行动，变成习惯，习惯造就性格，而性格将决定命运。”

这句话出自电影《玛格丽特·撒切尔：铁娘子的眼泪》中由影星梅丽尔·斯特里普所扮演的主人公之口，她就是毫不动摇地坚定信念，领导着国家前进，有“铁娘子”之称的英国前首相撒切尔夫人。

撒切尔夫人非常注重用语言准确地表述自己的思想。因为她知道作为一个政治家，只能通过语言将自己的想法传达给千万民众。从这个意义上来说，“说话”就是领导的“生命”。

“服务优先，利益置后”这句话，是大和运输的小仓昌男在宅急送业务创立之初，面向公司员工所发表的一句名言。

“提升服务”与“增加利益”这两者从来就是矛盾对立的关系。如果要提升服务质量的话，就必然增加经费的开支，导致利益受到压缩；如果一味地追求利益，就难以提升服务质量。

但是，宅急送在创立初期就将“提升服务”当作最大的命题，所以，当小仓君发出“服务优先，利益置后”这样的信息之后，两者的优先顺序自然就得以明确了。

人们靠着“态度”和“热情”去打动别人当然很重要，但“话语”才是最大的武器。

为此，我们必须锻炼自己“说话的能力”，但在此之前，还必须有一个指导我们的、不可违背的正确想法。也就是说，比起“该怎么做”来，我们必须先确定“应该是怎样的”，这是一切的原点。

我们要通过恰当的话语将这一想法表达出来，并向他人传达。

然后将语言表达的内容落实到实际行动上，通过行为的反复累积形成习惯。我一直认为“好的习惯胜过才能”。即使才能上稍有欠缺，但是如果一个人能有好习惯的话，就能每天一点点地进步，早晚有一天可以追赶上那些有才能的人。也就是说，只有拥有好习惯的人，才会持续地成长。

将感动自己的书名或者句子记到笔记本上，严格要求自己遵守时间，在工作开始前就认真制订计划，尽可能地用简洁的话语表达内心想法，以及养成良好习惯的人，一个美好的人生正在前方等着他。

第二章

能够说动对方的说服力

个人的能力总是有其局限性的。一个人的头脑再怎么聪明，也肯定敌不过经讨论产生的“集体的智慧”。因此，为了使团队的实力获得最大化，我们必须让所有的成员都能从心底理解领导的意图，并化作实际行动。

本章将介绍如何掌握更具说服力的说话方式。

1. 何谓打动听者的说话方式?

无论什么内容，如果对方没听进去，就毫无意义

说话非常有说服力的人，往往会在语言结构与措辞上十分注意。他们会刻意避免使用难以理解的表述以及抽象的语言，转而以更容易懂的理论，配合令人印象深刻的句子来讲话。

那么，要想让你说的话更具说服力，还有一个需要注意的地方，那就是要在你说话的语速、声音的大小、语调的高低，以及节奏等表现方式上多下功夫。无论什么样的内容，如果在阐述时语速过快，对方就有可能听不进去，这样的话，也就不可能打动对方的心。

很多苦于无法流畅发言的人，都会有意识地注意自己的语言结构和措辞，但对语速的快慢、语调的高低等这些表现方式不太在意，甚至很多人说话都缺少抑扬顿挫。“我觉得还是自

己说话的语速太快了点。”像这样，很多人即使已经意识到了自己的问题，却仍然不会着手改正缺点。

但是，在表现方式上下功夫是必不可少的。当我们遇到口才好的人，会感叹：“那个人好擅长演讲啊！”这时也希望大家能注重深入地思考“为什么我会被那个人的演讲所吸引呢”这一问题。实际上，说话的语速、节奏等这些外在的表现形式，也是与演讲的内容同样重要的，这会让你的发言更富有魅力。

请他人帮着检查我们的说话方式

话说回来，在我漫长的职业生涯中，有一大半的时间也是很不注重说话方式的，发言时毫无抑扬顿挫的感觉。当我六十一岁出版了首部著作*BigTree*后，受邀发表演讲的机会也随之多了起来，我就是在那个时候领悟到“这样下去可不行”这一点的。

正好我女儿的一位朋友是做发音训练的，所以我去听了几次课。在接受类似“说这句话时，要稍稍舒缓一些，这样效果更好”“说话的声音感觉有些低沉”这样的指导后，我的说话方式大有改善，现在说起话来比以前更容易让人听懂了。

纠正我们说话表现方式的最好办法，就是借助他人的指导。还可以用录音笔记录下自己说的话，大部分人会惊叹：“自己的说话方式怎么会是这样的？”因为我们平时在讲话时，有很多细节是自己不曾留意的。

当然，也完全没必要去接受系统的发音训练。当要面对很重要的讲话活动时，只需事先进行排练即可，当然不仅仅是所要讲的内容，包括我们的说话方式也要进行检查，这样才会使演讲效果大不相同。

为了掌握更具说服力的说话方式，在这些细节上的努力也是十分关键的。

模仿能言善辩者的说话方式也会很有效

说服力 = **讲话的内容** + **表现方式**

可以这样来理解

更具说服力的讲话

请他人对我们说话的语速、调门的高低等给出建议

2. 故事式的内容，更能吸引人

通过一次次的提案，推进公司的海外扩张

在东丽公司上班时，我最拿手的就是写提案。提案写好后，一般要拿到经营大会上进行讨论，并且还要在一大堆干部面前进行阐述。但记忆中，我所写的提案几乎都通过了，从没有被驳回过。

特别是我在担任塑料事业部的部长一职时，每个月都会非常积极地写提案。因为，当时我的判断是“东丽公司的塑料事业，在全球市场上非常具有竞争力”，所以，我希望能以海外扩张为目的，在世界各地建设生产工厂。为此，我才会一个接一个地写提案，并在经营大会上得到了采纳。在我任期的两年半时间里，公司最终决定在全球范围内建设十二家生产工厂。

我在撰写提案时，会特别注意“采用故事性的内容”，因

为这些故事性的内容往往更能吸引人。另外，不仅仅是在写提案时，在发言或者面对下属演讲时，也同样可以加入这样的内容。

通过故事性的内容描述“将来会变成什么样子”

那么，到底什么才算是故事性的内容呢？我在这里想介绍一下自己从事塑料事业时的一些经验。

当时，我十分想推进的一项工作，就是 ABS 树脂制造工厂的建设项目。于是，我在递交给经营大会的提案中，写出了下面这样的具有故事性的内容：

“ABS 树脂市场规模的年增长率为 5% ~ 8%，这是一个非常有前景的市场。业内顶尖的美国 A 公司，也十分关注这一市场，并且可以预想到的是，其今后会在世界各地建设生产工厂。假如，我们能够先于 A 公司开启全球扩张的进程，那么我们将能保持一定的先发优势。

“我们的产品，无论是品质还是成本，基于某某原因，都不逊色于 A 公司。现在本公司在塑料市场上所占的份额仅为 3%。但是，若能保持在 ABS 树脂领域的先发优势的话，就有可能实现与 A 公司齐头并进，占据近 20% 的市场份额。”

像这样，我在提案中针对工厂建设项目“为什么要做”“怎么做”“真的能实现吗”“做成后会变成什么样”等问题，以故事性的内容做出了阐述。

这样一来，无论是读过我的提案，还是听过我发言的人，都能够在脑海中浮现出“东丽公司在世界各地建设工厂”的具体情景。因此，当时我的上司才会对我说：“佐佐木的提案，让人看后有一种不得不做的冲动呀！”

所以，希望大家在写提案或者与他人对话时，也能够加入这种故事性的内容。

从一个人的说话方式中，也能看出其工作方式

更具说服力的讲话

如果获得 42% 的份额，就意味着我们将是市场的领导者！

好厉害！

啊！

- 为什么要做？
- 怎么做？
- 真的能成功吗？
- 做成之后会变成什么样子？

纯理论性的内容

- 背景分析
- 我方的状况
- 应该采取的战略

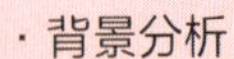

让人易懂的内容 ＋ **有意思的内容**

因此，才能被采纳

更具说服力的讲话

无论写作还是讲话，都有意识地加入故事性的内容

3. 兼顾“梦想”与“现实”，才能让下属追随你

解决了这个难题之后，还会有什么在前面等着我们呢？

我们在描述故事性的内容时，一定还要注意在其中加入与“梦想”有关的内容。人只要有梦想，即使面对一些困难也能加以克服。因此，作为领导不能只给下属布置任务，还要告诉他们解决了这个难题之后，会有什么在前面等着他们，也就是必须给他们以梦想。

“只要有梦想，就一定会实现”有个典型的例子，就是我在东丽从事碳纤维事业的经历。碳纤维是一种强度为钢铁十倍，但重量却只有其四分之一的划时代新型材料。2006 年，波音公司决定在其生产的最新客机型号“波音 787”上，全面采用东丽公司生产的碳纤维材料，一时间成为热门话题。现在，由于

技术的进一步革新，甚至汽车的一些零部件，也开始使用碳纤维材料制作了。也就是说，整个行业正在逐渐由钢铁向碳纤维过渡。可以预想，今后碳纤维的市场需求将会呈现跨越性的增长。

顺便说一下，如今东丽公司在碳纤维市场，占有压倒性的市场份额。这是东丽公司最大的竞争实力。

有梦想，才能坚持下去

回顾这一路走来的历程，东丽公司也曾经好几次讨论过是否要退出碳纤维市场。从投入研发开始的四十年间，一直无法做到实用化，同时公司的财务也一直处于赤字状态。与东丽公司同时期开始研发的海外企业，也都相继宣布中断开发并退出这一市场。

但是，东丽公司的经营大会关于是否要退出的讨论，每次到最后都还是决定要继续研发。原因就是我们还一直抱有“如果碳纤维能实现实用化，将会成为改变世界的新材料”的梦想。东丽公司的碳纤维事业之所以能够收获成功，最大的原因就是从经营者到技术人员，每一个人都抱有对“碳纤维”的梦想，并且一直在坚持这一梦想。

所以，我才会希望各位领导在向团队成员描述理想与目标时，都能够在其中加入与梦想有关的内容。

但是我们在谈论“梦想”时，也不能忘了要带有一定的“现实性”。不现实的梦想无论怎么去宣扬，都会让下属认为是荒唐而又滑稽的“白日梦”。在谈及研发工作时，领导可以对下属这样说：“我们公司在某某方面有很强的技术能力。所以，这款产品最后一定会成功研制出来。”这就是兼顾“梦想”与“现实”的内容了。

东丽公司的碳纤维事业也是一样的道理，技术人员都觉得研制成功只是时间问题，所以才能一直坚持下来。

一味地强调毫无事实依据的梦想，不可能让下属对此抱以认真的态度；一味地指定非常现实的目标，也无法激发员工们的斗志。只有兼顾“梦想”与“现实”，才能让下属追随你。

能看到困难之后的前景，人们才愿意继续挑战困难

以前东丽公司也曾有过多次这样的讨论

“梦想”+“现实”兼顾才能将不可能变为可能

脱离了现实的梦想，不可能获得下属的追随

只关注到现实，就无法战胜困难

更具说服力的讲话

宣扬梦想的领导才会让人想要追随

4. 在合适的场合发言，才能让人记住

领导用自己的“话语”指明前进的道路

当团队里的大部分成员都困惑于“该向右走，还是向左走”时，领导的发言将会指明整个团队前进的方向。

在专栏一中曾经介绍过大和运输的社长小仓昌男的名言“服务优先，利益置后”。大和运输在开启宅急送业务之初，围绕着究竟是应该“先提升服务质量，吸引更多的客户”，还是应该“降低服务质量以确保利益优先”，在公司内部产生了两种对立的意见。

如果按照教科书上的说法，无论是提升服务质量，还是确保公司利益，两者都是十分重要的，所以任何一方都有其坚持的理由。

而小仓君则通过“服务优先，利益置后”这句话，明确地

指明了公司的发展方向。也就是说，作为领导，他将“哪怕产生财务上的赤字，也要首先确保将宅急送的服务推广到社会上”这样的信息，传达给了每一位员工。正因为确立了组织发展的方向，才有了之后事业发展速度的显著提升。

我认为这是体现领导发言重要性的典型例子。当成员们陷入混乱时，领导应该亲自站立潮头，挥舞旗帜，“向这边前进！”对于公司来说，这个“旗帜”就是领导所说的“话语”。领导必须通过“话语”，将自己的意思鲜明地传达出来。

领导要有意识地营造能让人认真倾听的场合

领导在向下属“挥旗”时，也要注意为此设定一个相适应的场合，这样才能更好地传达我们的信息。

我最为重视的一个场合，就是每次新年第一天开工进行“团拜”时领导的讲话环节。我会事先将新的一年里团队发展的方针等内容，总结成文章，并写在一张 A4 纸上发给下属，然后再开始讲话。

这样一来，下属会觉得“今天佐佐木要发表很重要的讲话”，大家都会以认真的态度来听我的发言。同样的内容，假如我是在日常会议的场合提出来的话，因为没有了这种紧张感，有的下属对此可能就会左耳朵进，右耳朵出了。所以，只有在这个时候，他们才会竖起耳朵来一句不落地听完。这样我们想表达的信息，才能更容易地渗透到下属的心里。

除了像“新年团拜”这样的定期场合，还可以在团队面对某个大难题时，或者陷于迷途之中时，发表我们的讲话。也就是说，领导要能适时地召集成员，设定发表信息的场合。可以在此之前提醒所有人：“接下来要说的是事关团队未来发展的重要内容，希望大家都认真听一听。”然后再开始正式的发言。重要的内容必须选择在适当的场合下发表，这样对下属更有说服力。

重要的讲话要在合适的场合发表才更有说服力

领导用讲话指明团队前进的方向

团队迷失前进的方向时

重要的内容，应选择合适的场合发表!

平时的工作中

年初的团拜或者紧急的场合以召集会议的形式进行

更具说服力的讲话

营造能让人认真倾听的场合

5. 与工作有关的数字，都要牢记在心

用数字说话，能增加说服力

大家能不能做到在不看笔记的情况下，说出公司以及主要竞争对手的销售额、经常性利润、业内的市场份额，以及增长率等各种各样的数字？如果能将这些与工作和业务有关的重要数字都牢记在心的话，将会让你在对下属讲话时更有说服力。

比方说，作为事业总部的部长，在下属面前是像“今年销售额的目标，是要比去年增长10个百分点”这样说好呢，还是像“去年的销售额是1600亿日元，今年我们要达到1700亿日元”这样说好呢？肯定是后者的效果会更好一些。通过列举具体的数字，让下属产生“如果从1600亿日元提高到1700亿日元的话，会有什么奖励呢”或者“为此必须进行彻底的业务改革吧”等这些实际的感触，从而对要达成的目标有一个具体

的印象。所以，领导要将与工作有关的数字都牢记在心，并可以在适当的时候脱口而出。

那么，怎样才能记住这些数字呢？简单来说，只要你“愿意记”就一定能记住。那些抱怨记不住数字的人，其实一开始也没打算真的去记忆。

我通常会将与自己所负责的业务有关的数字，都记到随身携带的小册子里，比如所在事业部门近五年的销售额、利润的变化、主要产品的价格与成本、所负责事业的市场规模、竞争对手的市场份额等这些数字。然后利用乘电车、等人的碎片时间，拿出来看一看并加以记忆。这样一来，我就能在工作讲话中经常引用这些数字了。

养成基于数字进行思考的习惯

提前记住与业务有关的数字，有助于让我们养成基于数字进行思考的好习惯。

例如，我们将“东盟国家某产品的消费量变化”记在小册子中并进行记忆。在我们记忆这些数字的过程中，同时也会对其进行分析思考：“哎，虽然东盟国家某产品的消费量一直在增长，但是本公司的某产品的销售额却一直没有增加啊！”像这样，就能够让我们发现一些问题。通过记忆数字，养成基于数字思考的习惯，从而帮助我们制定各种工作战略或推动业务改革。

而且，当我们就“如何在东盟国家开展和实施销售战略”这个问题向下属发言时，如果是基于数字制定出的战略想法，将会比纯理论性的内容更具说服力。

关于数字，有的人会认为：用互联网查一下不就知道了吗？但是，那也仅限于必须用网络查询才能得到的数字。要想养成基于数字的思考习惯，要想在我们的讲话中利用好数字，关键还是大家能将这些数字牢记在心才行。

将数字记在心中，讲话内容也会发生改变

记住数字的话

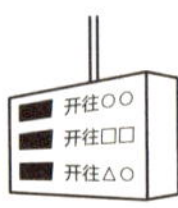

自己发现问题

“不愿意记”数字的话

下属也听不懂你想表达的意思

更具说服力的讲话

只要你“愿意记”，就一定能记住

6. 当要向下属传达并非本意的内容时，该如何说明？

对于上级的决策，原则上必须遵从

身为中层领导的一项职责，就是当公司制定了与事业有关的方针政策时，要将团队基于此项方针政策的要求所必须完成的任务内容，以更加通俗易懂的语言传达给所有下属。

当然，有时对于公司所做出的决定性的方针，我们也未必完全赞同。但是，我们还是有必要将上级的意思准确地传达给下属。因为，如果每一个中层领导都依着自己的性子发表观点和看法的话，那么整个组织将会变成一盘散沙。

但是我同样也认为，如果很明显是公司的方针出了错误，在这一点上绝对不能迁就，我们可以选择让公司所下达的方针“到此为止”，不再向下属传达。或者，即使要向下属传达，也可以采用“这并非我的本意，只是必须执行公司的决议，否则整个组织将无法正常运转，所以这一次希望大家都能理解并遵守”这样的表达方式。

发表违背信念的讲话，等于对自己的背叛

为什么这样的表述很重要呢？因为我们必须以“能让下属理解”为首要考虑。下属会记住中层领导所讲过的话。身为一个课长，如果只是将部长下达的方针像传话筒似的原封不动地传达给下属，那么有一天当换成其他人当了部长后，整个部门方针又中途更改的话，你又要马上改变对下属所说过的话，这会让你的下属怎么想？恐怕很容易让人认为“这个课长只会顺着上级的意思来改变自己的想法，根本就没有独立思考的能力啊”。

另外，如果是从任课长时开始，就能够在传达公司方针的同时对下属发表自己的一些思考和看法的人，当他有朝一日当上了部长发表方针时，也能够得到来自下属的理解，“他应该不是会说出这些话的人”，这样一来，方针政策被接受的可能性就会提高。

此外，即便不是自己的本意，一旦从领导嘴巴里说出来了，那就要做到率先垂范，这也是赢得下属拥护的一种方法。

我曾经想要晋升为东丽公司的高层领导。但是，如果因此就要先让自己对上级的指示唯唯诺诺地执行，等到熬成了高层领导再突然转变作风，按照自己的方式去行事，这样的事情我也是做不出来的。

那样的话，等于是对自己的背叛，同时也很难在下属中间建立起信用和声望。不过，我对自己的坚持好像也有点过了头。尽管后来因为业绩突出当上了公司董事，但也许是因为对上级唱了太多的反调，仅仅两年就被降职了。所以，我认为坚持己见的同时，提前做好风险管理也是很重要的。

尽管如此，一个真正的领导对于自己所坚信的信念，应该毫不动摇地坚持下去，并且要不失时机地将其传达给下属。只有这样的领导，才会有下属愿意追随。

为了成为值得信赖的领导，我们可以做的事情

公司的方针政策与自己的本意相悖时，
这三种传达的方式能让下属接受

①不向下属传达公司的方针

当遇到绝对不能迁就的问题时，
要能根据自己的判断，
让下达的方针政策“到此为止”

②传达前说清楚这不是我的本意

告诉对方这并非我的
本意，以此明确自己
的立场

③自己要率先垂范

即便不是自己的本意，
一旦从领导自己的嘴巴
里说出来了，那就要做
到率先垂范

更具说服力的讲话

唯唯诺诺地顺从公司的意向，不能改变上级的意见

7. 情绪化的斥责有百害而无一利

斥责下属最好选择在没有其他同事在场的时候

领导有时也要面对不得不斥责下属的情况。这时需要注意的是，可以把当事人叫到其他房间，尽量以一对一的方式进行批评。如果只是简单的批评，那么当着其他同事的面也没什么，但如果是很严厉的斥责，就要特别注意批评的场合了。

当着其他同事的面被上司斥责，我想无论是谁，多多少少都会感觉颜面受损吧。除了被责备的内容外，还会有“办公室里有其他的后辈员工，感觉这样非常丢人”这方面的难堪。领导斥责下属的目的，并不是为了要让对方意志消沉，而是要促使其反省并加以改善。所以，我们要极力避免那种无法为下属的成长起正面作用的批评方式。

而且，当着他人的面斥责某个下属时，其他下属的情绪也会受到负面影响。为了营造一个所有成员都能积极工作的有活力的氛围，我们对斥责的场合也要多加注意。

不过对于“发生这样的问题，不仅仅是偶尔做错事的这一名下属的责任，也希望大家都要吸取教训”这样的情况，我有时也会当着其他同事的面去斥责该下属。当然，在做这件事之前，也必须选好批评的对象。下属的性格也可谓是“十人十色”，既有性格顽强的人，也有心思细腻的人。因此，当我们要当众对其进行批评时，一定要选择那种“抗击打能力强”，哪怕受到批评，也会泰然处之的人才行。

歇斯底里地乱骂一通没有任何好处

我对下属通常是褒贬兼顾的。遇到下属稍微迟到的情况，也会很严厉地批评：“你干吗去了？”所以我的秘书才会说我是“瞬间热得快”吧。不过，那种特别大声的歇斯底里式的乱骂，我可是从来没有过。我以前的上司中，就有一个人会特别愤怒地朝他的下属扔烟灰缸，这简直令我难以想象。

情绪化的发怒没有任何好处。这不仅会让下属变得萎靡消沉，也会招致周围人的恶评：“那个家伙是个控制不住自己情绪的人啊！”

这里还是要再次强调，领导斥责下属的目的，是为了促进下属的成长，而不是为了发泄自己的情绪。

说得再严重些，那种完全依着个人心情和喜好斥责下属的人，根本谈不上是一个“领导”。

了解下属的性格，并且在批评下属时，还能想着以何种方式才能更好地促进对方的成长，希望大家都能成为这样的领导。

批评是为了促进下属的成长

当着很多人的面斥责下属

· 当着同事的面批评的话，效果就有些过头了

· 比起所批评的内容来，当事人的自尊更容易受到伤害

· 同办公室的其他成员心情也会变糟

可以单独叫到其他房间，进行一对一的批评

情绪化的斥责

· 只会让下属萎靡不振

· 让别人认为你无法控制自己的情绪

· 下属也无法获得成长

更具说服力的讲话

要能根据下属的性格选择妥当的批评方式

8. 根据对方的反应和立场改变说话的内容

根据对方的反应改变说话的内容

我在担任演讲大会的讲师时，往往会根据下面听众的类型和关注点，改变我的讲话内容。

演讲开始后，我会花五六分钟的时间，摸清今天来听演讲的听众类型。例如，我会讲个笑话什么的，即便是相同内容的笑话，下面的听众有时会哄堂大笑，有时则完全“石沉大海”。

所以，我会一边观察听众的反应，一边想着“今天大家都比较严肃，所以就用A演讲风格”或是“用B演讲风格”，以此来决定演讲的内容与讲话的方式。

一般来说，听众对我讲的笑话几乎不怎么笑，表情没有生气，点头回应的次数也比较少的情况，说明听众是抱着学习的目的来听演讲会的。对此，我将会更多地谈及有助于实务的技巧性内容。

另外，如果大家很容易被逗笑，且点头回应的次数很多的话，就说明比起有关技巧性的内容来，听众对生活方式、思维方式等会更有兴趣。

由于我的大儿子患有自闭症，我也常常会受邀给同样有患病儿童的家长进行演讲。而这些听众是想通过我的话给他们加油打气，同时也希望从我这里获得共鸣。这种情况下，我更多的是谈论“人活着是为了什么”“什么才是所谓的‘家庭’”等这些与我自身经历有关的话题。

即使是同样内容的讲话，有些人的内心会被打动，有些人则无动于衷。

因为每个人的关注点不同，所以想从我这里获得的信息也不同。这个道理无论是面对很多人发表演讲，还是与下属一对一的对话时，都是相通的。

即使是同一个团队里的人，各自的关注点也不同

例如，同一家公司里的销售部门与生产管理部门，其各自的员工所关注的点就有很大的差异。

对于销售员来说，最关心的还是客户。

所以，在跟销售员进行对话时，可以这样说："相信客户也一定是这么想的。所以这么做的话，才能让客户满意。"这样才能打动对方。

如果是生产管理部门的员工的话，虽然说产品的销售也很重要，但他们更加关心的还是如何降低成本这件事。所以，可以选择这样说："这么做的话，就能削减生产的成本。"

另外，即便是同一个部门或团队中的成员，由于担当的业务、职业经历、经验，以及性格等原因，各自关注的地方也是千差万别的。

所以，无论是在什么场合，面对什么样的人发言，一定要考虑到对方希望从自己讲的内容中获得什么样的信息，以及采用何种说话方式才能更好地打动对方。

讲话内容要能迎合对方的关注点

演讲时，根据听众的反应，决定发表的内容

在公司内，也是同样的道理

沟通交流的内容要迎合对方！

更具说服力的讲话

将视线与对方齐平，观察其有何需求

9. 面对下属的提问，千万不要敷衍了事

在传达信息时，要提前想到可能遇到的问题

正如前面所说的那样，我每年都会在开工的第一天进行新年的团拜活动，并且利用这个机会，就新的一年里整个团队的工作目标以及公司的方针政策等进行发言。

当然也会有下属对于我所讲的内容产生“虽然佐佐木君说的是某某，但原本不应该是某某某吗”这样的疑问和反驳。面对这些问题，如果领导只是保持沉默、不发一言的话，就会从那一刻起失去了下属的信赖。因为，下属会认为“这个人虽然嘴巴上说得头头是道，其实应该没有进行过深入的思考”。

因此，我一般在大家面前传达信息时，会事先想好可能会受到来自下属的什么样的质疑，并且提前想好回答的内容。而且在这个过程中，也加深了我的思考，这样即便遇到预料之外

的提问时，也能很快地给出答复。

所以，大家在团队成员面前讲话时，不仅要思考“我要说什么”，也要提前就“可能会招致什么样的提问与反驳的意见，以及该如何回应”等，做好相应的准备。

真诚地面对提问，才能帮助我们确立自己的想法

除了像新年团拜这样可以提前做准备的场合外，我们在日常工作中的各种场合里，都有可能突然受到来自下属的提问和质疑。

这种情况下，作为领导也必须能及时做到自信地给予回答。但是，如果你给出的答案都是非常敷衍了事的内容，那最好还是不要勉强自己去答复了，否则只会让下属更加失望。

那么，如果真的一时无法回答的话，可以这样说：“关于你提出的这个问题，我会利用这个周末认真地思考，所以请给我一点时间。”像这样，就不会让下属失望了，甚至还会让其产生“看来他是非常真诚地想回答我提出的问题啊”这样的好感。

不过话说回来，还是希望大家都能成为可以非常自信地面

对下属提问的领导。很多年轻人刚刚走上课长或主任这样的领导岗位，由于尚无经验，还不能很好地确立自己的想法。对于这些人来说，来自下属的提问恰恰是“让我们加深思考，关注此前未曾注意过的问题”的契机。

以下属的提问为契机，当作解决这一问题的机会，同时也能让我们给出自己的答案。通过不断反复这一过程，逐渐确立自己不可动摇的想法。

所以，当面对下属的提问时，千万不要想敷衍了事。

来自下属的提问，往往是加深我们思考的契机

在思考时，要兼顾“自己想说的内容”以及“可能会遇到什么样的提问”

注意 不过，对于未曾料想过的问题，如果不能立即回答的话，也不要想着敷衍对方

更具说服力的讲话

预测可能会遇到的提问，并想好如何回答

10. 重要的事情不仅要口头说，更要写成文字来传达

人是健忘的动物，常常听完就忘

当我们需要向下属传达指示时，很多人会选择口头传达的方式。在我看来，如果只是很简单的内容，那么口头传达也无妨，但如果是稍微复杂一点的或者很重要的事项，那最好还是以文件的形式交给下属。

人都是健忘的动物，仅靠领导的一句口头指示，下属很快就会忘记。当然，即使是写成了文件，也有可能下属在读了一遍以后就丢进抽屉里了，这样也是没有任何作用的。

所以，针对“必须要在整个团队中贯彻的重要指示”，我通常不仅会口头传达很多次，还会以文件的形式下达，并要求下属反复地阅读领会。写成文件的一大优势，就是可以被反复

地阅读。这样一来，在这个过程中，下属就会明白“佐佐木君想要表达的是这个意思呀”，从而渐渐对我要传达的信息有更深层次的理解。

以文字的形式，避免指示的下达沦落为“传话游戏”

还有，人也是会依据自己的理解来对事物进行解释的动物。因此，仅仅口头传达一次的话，领导的真实意图可能无法传达到位，甚至还有让对方产生曲解和误解的风险。

特别是在上司与下属之间，常会发生像“课长说让这么做我们才这么做的”“不，我并不是那样说的”这种理解上的偏差。如果当初是以文件的形式来下达指示的话，就不会有这种情况了。

因为以文件的形式，能够让所有的成员在同一层面上共享信息。特别需要避免的就是“部长—课长—主任—社员”这样逐级口头传达信息的情况，因为这很可能就变成了“传话游戏”，到最后，部长发言的内容与社员接收的信息完全不一样，所以，用文件的形式能够有效地避免这种事态的发生。

而且，写成文字的话还有另一大魅力，那就是文字能够跨越时间，一直被保留下来。我在当课长的那段时间，每次工作有了新的调整，就会将“推进工作的十条要求”等内容写成文件发给下属。在我担任公司内部科长研修课程的讲师时，我二十五年前担任过课长一职的那个部门的现任课长，还特意将我当年所写的“十条要求”拿给我看，这让我很是惊喜。夸张点来说，如果我们能将自己的想法变成文字保留下来的话，也会给后人产生影响。

也许有的人会觉得将重要的工作以文件的形式进行传达，有些“太麻烦”了，但是请记住，习惯成自然。口头传达的方式有可能会产生误解，到时为了纠正偏差又要去花时间，相比之下，事前“麻烦”一下写成文件的话，才能真正提高工作效率。

比起口头传达来，以文件的形式能让工作更有效率

重要的事情，要“口头传达”与“文件”两者并用

仅仅口头传达的话

无法表达清楚意思，
有产生曲解的风险

容易产生“说了”和“没说”
这样的分歧

写成文件的优势

能让多数成员在同一个层面上
共享信息

任何时候都能再拿出来
看一看，能够对自己的
想法有更深层次的理解

更具说服力的讲话

以文件的形式传达，不要怕麻烦

11. 让工作提速，高效率的交流技巧

与人见面时可先对其“贴标签”，之后再慢慢修正

在前面的内容中，我曾说过“我们应该根据对方的关注点，来发表能打动对方的讲话”。那么，要想弄清楚“对方的关注点”，前提是充分地了解对方的情况，而且这一点应该越早做到越好。

特别是我们与公司以外的人打交道的情况，往往是等我们终于了解了这个人时，工作任务也已经接近尾声了。假如我们能更早一些了解对方的话，我们的说话方式、聊天的内容，甚至沟通的效果等都会大不一样吧，彼此之间也可以构建比现在更为深厚的关系。这么想的话，真是有些可惜啊！

所以，我建议大家在与对方初次见面后，可以在互相交换的名片上，记录下见面的日期以及对对方的印象等。而且可以像“心思很细腻，但是也比较脆弱”“喜欢非常有效率地推进

工作”这样给对方“贴上标签”。

当然，一上来就给他人“贴标签”的行为也是有风险的，但我们至少可以先有一个大概的印象，之后再通过深入接触一点点地加以修正，这样才能让我们尽快地了解这个人的实际情况。

例如，当我们与“喜欢非常有效率地推进工作”的人再次见面时，如果发现他还有另外一面的话，就可以对自己先前的印象进行修正。如此反复，差不多到第三次见面时，就能够对对方有一个较为准确的认识了。

反之，如果什么也不考虑，就稀里糊涂地与人见面，那无论到何时，我们都不可能了解对方的真实情况。

对下属的情况，也应尽早了解清楚

另外，对于公司内部长期打交道的人，虽然不至于像对公司外的人那样要在短时间内了解清楚，但也最好能尽早地做到这一点。

特别是作为课长，时常隔两三年就会有一次岗位的变动。如果在赴任新岗位后要花一年多的时间才能把握清楚下属的实际情况，那样未免有些太晚了。如果我们能尽早地对每一名下属的情况都有一些了解，那样就能使我们与下属之间实现高质量的交流。

我每带领一个新的团队，肯定会对所有下属进行一次面谈，通过这个步骤来了解他们的实际情况。

但是，这种交流也只能是让我先给每个人“贴个标签”而已。通过之后一起共事的经历，如果发现与当初见面时所留给我的印象不同的地方，我会再去修正自己的看法，像这样逐渐了解到下属的真实情况。

“贴标签”，换句话说就是“设定一个假设”。就像做科学实验时一样，我们对他人的了解也是要经过反复的“假设—验证”过程，这样才能让我们尽早地接近真相。

只有做到这一点，才能让我们的讲话更具说服力。

与他人见面时，凭第一印象给对方“贴标签”

佐佐木自创的高效交流技巧

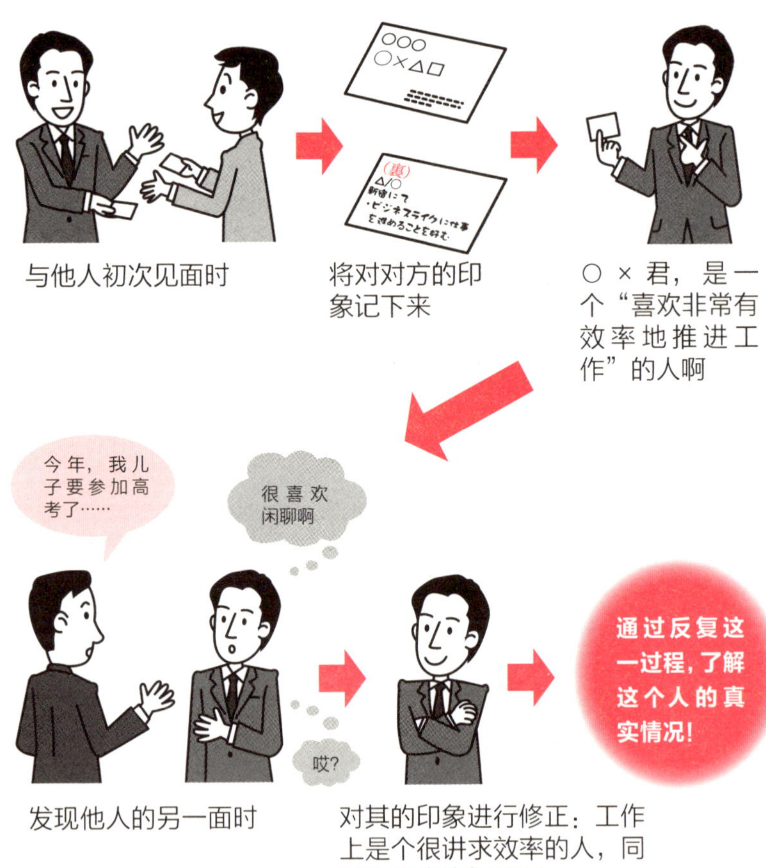

更具说服力的讲话

即使是公司内部也适用！应尽快地了解下属的真实情况

12. 面对能力较差的下属，做到苦口婆心

对“优秀”以及“不优秀”的下属，我们讲话的内容是不一样的

当不同的个体组成群体之后，会发现一个不可思议的现象，那就是其中必定会有两成的人是属于“能干的”，六成的人是“中间层”，而剩下的两成则为“落后的”。我曾经带过不少团队，依据我的经验来看，确实是这样的，职场上基本就是由2：6：2这样的比例划分的。

对于“能干的”那两成，领导不需要下达特别详细的指示，他们自己就能对事物有一个判断，并能够转化为适当的行动。因此，我通常对这些下属不会过多地说与业务有关的具体内容，而是会谈“人为了什么工作”这样抽象的问题。也就是说，我比较重视如何培养他们对工作的志向。

除此之外，需要领导每天斟酌说话内容的，就是对属于“中间层”的那六成，以及“落后的”的那两成了。

其实，他们与“能干的”那两成相比，才是真正有上升空间的人才。对于那些能干的下属，无论再怎么锤炼他们，最多也就是5%到10%的成长空间，而“中间层”以及“落后的”这部分员工，如果能顺利激发出他们的潜力的话，获得30%或者40%的能力提升，也并不是没有可能的。一个团队若能将“中间层”与“落后的”这部分人变得很强的话，将会拥有无坚不摧的战斗力。

对话时要将视线与下属齐平

在这两部分人中，尤其是“落后的”这部分人，他们会对自己的表现抱有“自己与大家相比，总是不能完成任务”这样的自卑感，由此导致在处理工作时，往往会缺少主体的能动性，如果上级不给出指示的话，就不会主动去做事。因此，作为一个领导，有必要先消灭他们的这种自卑感。

在给他们布置任务时，为了调动其主体能动性，不单单是说“某某工作就拜托你了”，还可以问一下对方：“这项工作想拜托你去完成，不知道你打算如何去做呢？”通常对方给出的回答，可能会比较“拙劣”，此时我们可以继续进行追问：“但是，那样做的话，因为 ×× 一点可能会无法顺利推进下去。对此，你是怎么认为的呢？”像这样，引导对方寻找答案，这样才会在接受的基础上，努力做好工作。

而且，当获得成功时，也不要吝啬我们的褒奖，这样才能培养他们的自信心。所以，我们在与下属对话时，一定要将自己的视线放到与他们齐平的位置，这一点很重要。

但是，要做到这一点，通常也是说起来容易，做起来难。那些工作能力很强的人，可能无法体会到落后者的心情，很容易演变成愤怒的斥责，最后导致下属意志消沉，工作也无法顺利推进下去。

将自己的视线放到与下属齐平的位置，多去体谅下属的辛苦，这也是对一个领导度量的考验。

适当的说话方式能让所有的下属都变成团队的战斗力

要想增强团队的实力
提升“中间层”与“落后的”部分的战斗力必不可少

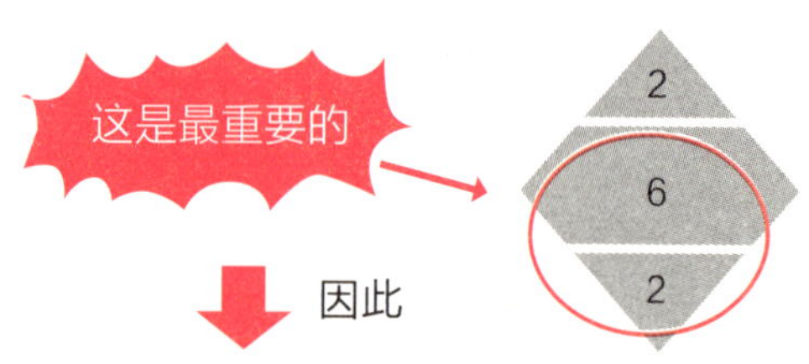

对“中间层”“落后的”这两种下属讲话时，
要更加注意“留下一个好印象”，“让对方能够接受”

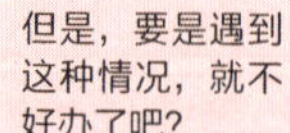

更具说服力的讲话

选择使用能激发对方主体能动性的话语

13. 晓之以理，动之以情，胁之以威

与下属交流，听取意见，但对于既定的事项则必须遵从

对领导的要求是，要能将团队的使命、愿景，以及对工作的思考、未来的目标等，用自己的话语传达给下属。不过，我们的一些想法和观点，仅说一次可能还无法让对方轻易地理解，所以需要反复地说，这样才能将这些内容渗透到团队中去。

还有，听取下属的意见也很重要。领导只是一味地在那里宣扬自己的想法，不见得就能让你的下属理解并接受。对于来自下属的批评意见，我们也应该抱着虚心的态度去倾听，并积极采纳其中说得对的内容。

那么，作为一个领导，当我们将信息传达给下属，并且也充分倾听了下属的意见之后，在此基础上做出的决定性的指示，如果还是有下属唱反调的话，这时该怎么办呢？

答案很简单。领导的指示就是命令，必须无条件地执行。虽然说跨越“上司—下属”之间的壁垒，让彼此之间活跃地交流，是很重要的，但是对于领导已经做出的决定，下属就有义务去贯彻执行。否则的话，整个组织将无法正常运作。

对于怎么都不肯顺从的下属，则要胁之以威

律师中坊公平曾说过：“领导对自己的下属，要能做到晓之以理、动之以情、胁之以威。”

意思就是说，对下属要在道理上进行详细的说明（晓之以理），偶尔也要发表富有感情的讲话（动之以情），但是对于无论怎么都不愿意顺从的下属，必要时也要以“解雇”来进行威胁（胁之以威）。

我对中坊君的观点举双手赞成。基本上我在对待下属时，也是兼顾“理”与“情”的，但还是会遇到无论怎么沟通和指导，都不愿听话的下属，这种情况差不多每十个人里就有一个。

对于这样的下属不能采取特殊照顾，毕竟公司不是慈善组织。要适当地胁之以威：“对于已经做出的决定，必须加以执行。这里是公司。如果拒绝执行的话，你知道会有什么后果。”

在威胁之后仍然不肯妥协的下属，只能将其调离岗位了。当公司发展到一定规模时，对于组织内部工作不称职的人，必须替换成更适合的人。

不过，这种威胁式的应对，只能作为迫不得已的最后手段。

做工作时既不讲道理，也不谈感情，上来就使用威胁手段的领导，是得不到下属拥戴的。

基本上，仅靠晓之以理、动之以情就足够应付大部分的情况了。

胁之以威，是最后的手段

对于团队做出的决定

基本上兼顾“理”与“情”就 OK 了

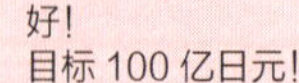

下属对于决定了的事情不遵从时

仍然无动于衷的话

作为最后的手段，胁之以威使其接受

更具说服力的讲话

对于已经决定了的事情，必须无条件贯彻执行

专栏二　打动人心的话语

“人生，并不是要发现自己，而是塑造自己。所以，去过你想过的人生吧。”

这是美国思想家亨利·戴维·梭罗的一句名言。

所谓“塑造自己”，就是说要尽可能地将自己的理想和目标设定得高一些，并且为了实现它们而竭尽全力去努力。

例如，没有谁是生来就能言善辩的，只有靠强烈的自我成长的意愿，加上刻苦的训练，才能真正让自己掌握具有说服力的说话方式。

我在三十多岁时，每次要出席重要的会议前，都会针对这次会议的主题，将自己的意见进行总结并尽可能简洁地写到纸上，然后进行反复的练习。通过这些准备工作，让我在正式出席会议时，能更加充分地表达出自己的意见。

此外，每到新年伊始之际，我都会将对新一年的“开年感想”

总结到一张 A4 纸上，然后在 1 月 4 日，也就是年后正式上班的第一天，发给每一位下属。因为大家是一直共事的团队成员，所以希望大家都能很好地理解我的想法，而且我也有这个责任将自己的所思所想传达给他们。像这样，每一年都反复去做这件事，会带来什么样的效果呢？这能让我们回顾过去，通过“去年我在思考什么”“三年前下定了怎样的决心”“五年前又遭遇了什么”等，让我们更清楚地了解自己的成长轨迹。

回顾我的整个职业经历，成长最快的还是四十多岁时。二十多岁、三十多岁时虽然成长的势头很高，但是缺乏必要的经验和知识积累，所以常会走弯路和犯错误。但是，随着年龄的不断增长，到了四十多岁时，便不再有这样的情况了。

所以，我常说：“二十多岁时就要以成为专家为目标，拼命奋斗干工作。但是到了四十岁时，则要懂得享受生活。”

尽可能地空出时间来，去读书，去与人交谈，从而启发自己。这就是所谓的“塑造自己”。

因此，我们要描绘出自己的人生蓝图，并一直不断地向其靠近。

第三章

合理地引导对方的"真心话"

正如"会说的人同时也会听"这句话所说的那样，在锻炼自己说话方式的同时，也要注重培养听他人说话的能力。"倾听"同样也是一种交流方式。基本上，这要求我们能站在对方的立场上想问题。

本章将对与下属进行闲谈、面谈、会议等各种场景下的"倾听技巧"进行解说。

1. 如果不能站在对方的立场上，对方也不会倾听我们的讲话

不得要领的男性领导与盛气凌人的女性领导

我们常说“文如其人”，意思是从一个人写的文章中就能大概知道这个人有着怎样的脾气性格。在我看来，还可以说“话如其人”。通过一个人说话的方式，也同样能够想象出他平时的工作状态。

我曾经受邀担任某企业举办的演讲大会的讲师。当时的主持人是一位三十多岁的男性领导，从他的说话方式中可以看出，他真的很不得要领。整个发言的思路没有经过整理，让人搞不清楚他到底想要表达什么。我对他的印象就是：这个人在平时的工作中肯定也无法进行理性的思考，无法向下属发出明确的指示。

后来，我又受邀参加了另一家公司举办的演讲大会，当时

是由一名四十多岁的女性管理者担当主持人。她的整个发言思路清晰，可以说，作为一名主持人，是非常出类拔萃的。但是，她说话的方式却令人感觉盛气凌人。

“接下来，佐佐木老师将发表很重要的演讲，所以请大家都认真仔细地听好。并且，要从中找到改善自己工作的灵感。”她的说话方式就是这样的。虽然表达的内容没有问题，但是这样的说话方式，我想无论是谁都会对此很反感吧。我对她的印象就是：这个人作为员工，在工作上肯定是很能干的，但是作为一个领导就有问题了。

这样盛气凌人的“高压”姿态，肯定会在工作中经常与下属产生摩擦。

能站在对方立场上思考的人，既会说话，也会做事

不得要领的男性领导，以及盛气凌人的女性领导，在我看来，二者并非完全不同的两类人，他们的问题恰恰出自同一原因，那就是完全以自我为中心的交流风格。

所谓的沟通交流，就是“说—听”。以自我为中心的说话方式，只能说是片面的交流而已。我们在说话时，一定要想着：

“这些内容对方能听懂吗？”“我这样说能让对方保持倾听的态度吗？”这才是最重要的。

说到职场上的对话，尤其是领导与下属之间的交流，往往占有很大的比重。

作为领导，要能站在下属的立场上，为其营造更好的工作环境，要能用恰当的语言与其进行交流。总之，只有能够站在对方的立场上思考问题的人，才能很好地理解对方的情绪，从而让工作顺利地推进。

因此，领导要思考自己的说话方式是否能让对方接受，还要注意站在对方的立场上来讲话。

这样一来，不仅说话方式会得到改善，工作也会更有成效，真可谓是一石二鸟。

要站在对方的立场上进行交流

参加演讲大会时遇到的真事

要做到所有人平等沟通，就是要多想着对方

在公司里，也应注意站在上司或下属的立场上进行交流

学会倾听的诀窍

以自我为中心，那只能是片面的交流而已

2. 选择“表达”还是“倾听”，要根据聊天的气氛来决定

根据对方的需求，合理分配“表达”与“倾听”的时间

虽然在家里四个兄弟中，我排行老二，但基本上从孩童时代起，我在哥哥弟弟们面前就一直扮演着“倾听者”的角色。因为，其他三个人都特别能说，我的发言几乎为零。甚至前几天我的两个弟弟带着他们的爱人来东京玩，大家在一起吃饭时，整整两个半小时的聚餐时间里，也一直是两个弟弟在说个没完。

实际上，我其中一个弟弟以前离过婚，这次是刚刚再婚，所以他的爱人对我还不太熟悉。可能她之前对我的印象就是“这个哥哥做过演讲大会的讲师，还写过不少书，肯定是个很能聊天的人”吧。因此，当她看到我一直在听两个弟弟不停地说话时，感到特别意外，一副不可思议的表情，她问我：“哥哥，你为什么不说话呢？”对此，我的回答是：“因为他们俩想要表达啊，

所以我就只好做一个听众了。”

当然，有些场合也要求我不能只做个“倾听者”，而是要做一个“表达者”，这种情况下，我也会滔滔不绝地发言。例如，在和下属进行商谈时，对方表示“关于某某问题，想听听佐佐木君的看法”，这时，我就会很积极地发言。相反，如果对方表示“我最近非常烦恼，你愿意听我倾诉吗”，这时，我就会当个彻底的“倾听者”。

我们需要在二者之间寻求一种平衡。在对话开始后不久，要能大致弄清楚对方是“想要表达自己的想法”，还是“想听我说话”。

然后我们在进行交流时，就可以根据对方的状态，决定自己“今天是以二八开的比例，以听对方的表达为主”还是“以三七开的比例，自己多说一些”。

二者失去平衡，就会变成“失礼之人”

如果没有找到这二者之间的平衡关系，那么整个对话将不会有任何实质性的效果。

以前也曾发生过这样的事情。我在演讲会结束之后，与主办方一起聚餐。其中有一位三十多岁的男性，虽然他是所有人中最年轻的，但在约两个小时的聚餐时间里，几乎就是他一个人在那里说个不停。

因为刚刚结束了演讲活动，饭局的主角自然应该是我才对。因此，我是带着“自己是主角，必须说点什么”的心情出席这个饭局的，结果却被他抢了风头，实在是让人非常扫兴。的确，他很能说，但是只给人留下了“分不清时间场合”的印象。

所以，不能将二者平衡好的人，无论多么能说会道，都只能产生相反的效果。

要注意“表达”和“倾听”之间的平衡感

家人聚餐的场合

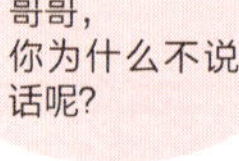

庆功宴的场合

一个小时后

要敏锐地观察分析当前的场合，是要多表达，还是应更多地去倾听

学会倾听的诀窍

关键是要注意观察氛围，想好是该“表达”还是该“倾听”

3. 人生来对于自己的事情都有“表达欲”

说话不带“我”几乎不可能

正如前文所述，当对方想要表达时，我们就应该做个认真的“倾听者”；而当对方想要听我们说话时，我们就应该当个积极的“表达者”。

只不过，有一点必须要注意的是，人基本上都有想要表达自我的欲望。简单点说，就是比起“听”来，人们更喜欢“说”。

我之前在参加公司内的课长研修课程时，曾经参加过一个“不许说‘我’”的游戏。两个人之间进行对话，双方各有三十秒的时间，对话的主题也没有限制，唯独要求任何一方的发言中，绝对不能带有“我”或表示第一人称的词，否则就算输。结果，大家都是不到三句话就犯了规。从这个游戏中可以看出，比起倾听对方的讲话，人们更愿意表达自我。

下属不愿意表露心声，当领导的也有责任

因此，希望大家今后在与他人对话时，都能意识到对方是想要表达自我的，我们更应该做一个“倾听者”。在所有人都想要表达自我的群体里，能够当一个“倾听者”，会使你显得格外珍贵，而对方高兴了以后，也会愿意多说一些自己的情况。这样才能实现一次内容充实的对话。

这在领导与下属之间的交流中，也是同样的道理。有些领导会烦恼于“我的下属不愿意对我表露心声”。但是，我在这里想说的是，下属不愿意对你说心里话，完全是因为你这个领导没能做一个称职的“倾听者”。

比方说，邀请下属一起参加酒会，结果你却没有认真倾听下属的发言，而是自说自话：“那个时候啊，要是我的话……”大部分人可能还会开始一番说教。还有，像与下属面谈的时候，只是一味地指出下属的失败之处和弱点，并进行斥责。如果是这样的话，你的下属对你紧闭心扉，也就理所当然了。

而且，就是这样愚蠢的领导，还会在那儿抱怨：“最近的年轻人都不愿意说出心里话了。”要知道，问题并不出在下属

不肯表露心声，而恰恰就是领导自己的问题。

“上司——下属”这样的人际关系中，上司常常要对下属下达指示、给予指导等，所以，由上司主导的对话场面往往占压倒性的多数。下属就算是对上司的指示或者公司的方针政策有想法也不会轻易说出来。

所以，不管是吃饭还是面谈的场合，上司都应该做“倾听者”的角色，让下属多表达。为了赢得下属的信赖，领导除了“会说话”以外，更要学会“去倾听”。

下属之所以不愿意表露真心，是因为上司不懂怎么倾听

不善于做倾听者

善于倾听下属的话

特别是在酒桌上谈及工作的话题时，
千万不要自己一个人滔滔不绝、自我满足

学会倾听的诀窍

要控制住自己的“表达欲”

4. 引导下属说出真心话的提问能力

领导首先要坦诚

我在担任课长的那段时间，为了引导下属说出真心话，会非常重视面谈的作用。每带领一个新的团队，就会与每一位下属进行面谈，除此之外，还要每年两次地与每个人面谈两个小时。

面谈的内容不仅仅局限于工作上的事情，还会涉及子女教育、对父母的照料、健康状况等这些私人话题。作为现代人，想将工作与私人生活完全分离，是几乎不可能的。如果私人生活方面遇到了问题，那么他的工作状态必然会受到影响，反之也是同样的。

所以，我在面谈时会特别关注下属的私人生活，如果其真的遇到了问题，我会尽我所能地给予帮助和建议。

当然，下属中也有人不愿意聊有关私人生活的话题。这种情况下，我们就不要继续勉强打探了。

以我的个人经验来说，我的大儿子患有自闭症，妻子患有肝病以及抑郁症，而我也会开诚布公地将这些情况告诉下属，以此来打消他们难以开口的顾虑。

领导只有像这样先做到坦诚，才能让下属更好地表露心声。

借由多方面的提问，了解下属的真实状况

另外，我在引导下属就工作发表真实想法时，还会尽可能地从多个方面来进行提问。

作为上司，往往倾向于对下属所负责的业务进行刨根问底式的追问。但是，这样做会让下属感觉自己是在被审问，害怕言多必失，从而内心也多了一层防备。

我通常会向下属提出类似“你觉得我们部门应该变成什么样才好”“你觉得公司应该朝哪个方向发展”“明年要招聘什么样的新人”这样与其所负责的业务没有直接关系的问题。

对于这些问题，下属会比较愿意说出内心的真实想法。另外，从这些话题中也能了解到下属每天是以什么样的情绪来对

待工作的，对公司和部门都抱有什么样的看法等信息。

不过我认为引导下属说出真心话的关键，还在于要主动地去关心下属。

领导发自真心地关心下属，多问他们：“最近遇到什么困难了吗？没问题吧？”这样，下属也会愿意如实相告。

否则，无论你运用什么样的提问技巧，下属也不可能对你敞开心扉。因为在他们看来，这样的领导是不可信的。“主动关心对方”的这种心情，才是打开对方心门的钥匙。

不要过于直接，可从多个方面进行提问

与下属面谈时，也可以问问工作以外的事情

对于不是很愿意聊私人生活的人，也不要勉强去打探

首先谈谈自己的私人生活，这样下属会更愿意交流

引导对方说出真心话的技巧

即使是与其所负责的业务没有直接关系的问题，也可以提出来

学会倾听的诀窍

只有认真地考虑下属的问题，下属才会对我们以诚相待

5. 在只有你跟上司或下属两个人的场合，如何避免对话陷入尴尬

记住上司和下属的经历、性格等信息

曾有人问我：“有没有遇到过与下属面谈时，谈及工作以外的话题，结果整个对话无法进行下去的尴尬局面？”而我的回答是完全没有过这种情况。

最近好像很多上司遇到的烦恼之一，就是不善于与下属进行闲谈。

的确，与有代沟的人或者异性下属，找出工作之外可聊的共同话题，还真是一件难事。

特别是当只有你和对方两个人的场合，任何一方沉默，都会冷场。

但是，我从来不觉得与他人闲谈是一件多么困难的事情。

基本上人们对与自己相关的事情，或者自己所感兴趣的话题，都会乐于进行交流。所以，如果你苦于不善闲谈的话，只需要将聊天的内容引向下属愿意交流的话题就行了。

我在东丽公司就职期间，对于公司内部与我有关系的人，无论是我的上司还是下属，我都会将他们的入职年份、出生地、毕业学校、生日、家庭情况、兴趣爱好，以及其他的特征都写到笔记本上并记住。

这样一来，假如我有机会与其他部门的员工一起共事，就可以基于这些信息对他说“某某君，你跟我们部门的某君是同时期进公司的啊”，这时对方可能就会说“确实是这样，我跟他当时都住在新员工宿舍呢，他的房间就紧挨着我的”，像这样，话题就展开了。我们还可以继续说：“那么，单身时期你常和我们部门的某君一起去哪里玩呢？”这样的问题不仅仅是一句关心对方的话，也可以借此来了解下属的个人情况。

此外，作为领导，平时也要对下属的兴趣爱好多加留意，“之前他跟同事聊起国外足球的话题，应该很喜欢看球吧”，这样就能很自然地搜集到我们想要的信息。

简单来说，闲谈并不意味着要我们自己多说话，而是要想着如何让对方更乐意进行表达，这样才能让整个对话顺利进行下去。

只有两个人的场合，有时也不要勉强去聊天

话说回来，到目前为止，我既当过上司，也做过下属，基于这些经验，我认为除了面谈的场合外，在运行的新干线或是汽车里这种两人独处的场合，无论是对上司还是下属来说，都是比较难办的一种状况。

那种情况下，可能谁都会想是不是该聊点什么好呢。

解决这个问题的最佳办法，就是尽量避免出现与下属之间独处的状况。两个人长时间待在一起，肯定会很不自在，所以像同乘新干线这样的场合，可以把位子分开来坐，或者在乘车时跟对方说“我想看会儿书”。

两人碰面各自寒暄一番后，可以就工作上的事情进行最少限度的交流，除此之外，没有必要勉强自己去聊天。即使硬着头皮没话找话，也只能是让自己白费工夫，萌生倦意。

不要没话找话!

因为工作要在一起独处时

不要勉强自己没话找话，可以引导对方多说话

乘坐交通工具时

尽量避免出现长时间独处的情况

学会倾听的诀窍

长时间的两人独处，对于上司和下属来说都是煎熬!

6. 引导持异见者发表他的看法，才能让团队变得更强

正确对待持异见者，强化团队实力

我一直持这样的观点：能正确对待持异见者的团队，才是最强大的。所谓的“持异见者”，指的是与其他的下属相比，能从不同的视角来看待事物的人。

当大多数团队成员都觉得应该选择A项时，持异见者会唱反调，认为应该选择B项。正是这不同于他人的观点，可以让团队成员发现“原来如此，还可以这么来想问题啊”，从而成为团队变革的一个契机。优秀的新产品开发或者业务的改革等，往往都源于持异见者所发表的“异见”。

但是很多团队并不能正确地对待持异见者，他们往往将持异见者看作团队中的“捣乱分子”或者“不合群的人”。甚至

连持异见者本人也觉得自己的“存在”在整个团队里很不受欢迎，最终也不再积极地发表意见了。这样的话，即使是有好想法的人，也会被埋没在组织中。

以完全接纳对方的姿态与其交流

因此，作为领导，必须能引导持异见者说出自己独立的想法与意见。

就我自己的经验来说，大部分情况下，这些人都会心有顾虑，认为“反正我的意见也得不到大家的认可”，从而打消将其表达出来的念头。所以，他们会有意地选择说一些迎合大众的话，或者言不由衷的内容。

但是，即便如此，作为领导的我们，也不能改变“我很想知道你的意见，能告诉我吗”这样真诚讨教的姿态，应以完全接纳对方的姿态与其交流。如果对方感受到了我们的真诚，即便是持异见者，也会进行很负责任的发言。这样就与其建立了平等交流的关系。

另外，在面对各种局面时，也可以多听听持异见者的意见，并采纳他们的主意，这是很重要的。他们会非常感谢能够接纳自己的领导。而且，采纳他们的意见，也等于是在向团队里的其他成员表明“他的存在得到了认可”。

我认为，能否正确地对待持异见者，完全取决于领导是否具有包容性。因为我们对于与自己的价值观不同的人所发表的意见，往往会表现出“不想去倾听”的状态。

但是，优秀的领导不会被自己的价值观所局限，而是能够从多个方面评价一个人。能够接纳不同的意见，也说明了其精神上的宽容。对于持不同意见的下属，能否以包容的姿态与其相处，也是对其器量的一种考验。

倾听对方所说的内容，千万不要先入为主

领导要正确对待持异见者

产生不信任感之后将很难引导对方发表意见

向对方表达出愿意倾听其发言的意愿，引导对方发表不同的意见

然后

这次的案子，你是怎么想的?
我想听听你的意见

在各种场合下，倾听持异见者的意见并且采纳接受以此构筑信赖关系

学会倾听的诀窍

要能包容和接受持异见者的存在

7. 仅靠一句“今天大家可以畅所欲言”，是无法调动会议气氛的

没有提前做好思想准备，发表不出自己的意见

就像前文所说的那样，领导有时也会遇到自己无法解决的问题，这时可以有意识地设定场合，召集全体成员，以求助于“集体的智慧”。

但是，你是否也有过类似的经验，即使我们已经召集了讨论会议，也向下属表示“今天大家可以畅所欲言”，可最后还是谁都不愿意发表意见，整个场面一下子变得非常安静。没有办法，只好让大家依次发言，可是也都说不出什么好的点子……

这种情况在很多公司的会议上都很常见吧？

出现这种情况的原因，就在于下属对于要讨论的问题，没有做好思想准备。例如，如果讨论是以“业务改革”为主题的话，即使领导对业务改革的必要性有着充分的认识，但是下属却不

一定会对此有着相同程度的认识。

下属每天忙于业务，相较于“业务改革”这样高屋建瓴的问题，可能更多关注的还是“如何将下达的工作做好”。所以，要求他们能以和领导相同的视角来思考问题是很难的。

让大家进行假设，以此带动讨论

那么，当领导设定好了场合，并希望大家能进行讨论时，关键是要让大家对问题进行假设，这样才能够带动成员间的讨论。比如“业务改革”这个主题，我们可以就“目前所采用的工作方式，在哪些地方产生了问题”列举一些具体的例子，然后像“作为业务改革的方案，我这里想到了 A 方案、B 方案、C 方案这三种，大家对此都是怎么看的呢”这样来让大家对问题进行假设。

这样的话，可能就会有人表示：“如果采用 A 方案的话，我现在负责的业务这个部分将会受到影响，所以如果对 A 方案进行一些调整的话，大家觉得怎么样？”或者是，“不，除了这三种方案以外，应该还有 D 方案”，像这样，整个讨论就被带动起来了。

因此，作为领导来说，当团队遇到问题时，即便得不出一个“答案”也没有关系，但必须能对此进行“假设”。

另外，除了引导成员发表意见外，还有更重要的一点，就是平时要注意掌握下属的问题意识以及其感兴趣的关注点。

这样，当我们希望团队就某个问题进行讨论时，可以像“如果是这个问题的话，他肯定会有自己独特的想法”这样，马上想到团队中的某个成员，然后将其作为整个讨论的关键性人物，这样才能使会议的内容更加充实。

所以，仅仅设定一个讨论的场合，是无法让讨论得出实质性结果的，领导还需要准备一些假设，选择一些关键性人物才行。

只是营造一个场合还远远不够，要引导大家讨论

失败的会议

只是营造了一个场合，但是谁都不愿意发表意见

获得成果的会议

大家在同一个层面上思考问题，互相进行讨论

领导的工作就是营造一个场合，并引导大家进行讨论

学会倾听的诀窍

不要甩手不管，开会时可以事先准备一些假设

专栏三　打动人心的话语

“人可能是毫无逻辑、不讲道理、以自我为中心的。无论如何，仍去爱他们吧。”

肯特·M.基斯在他的《似非而是》一书的“反论十条”中，还提到了“无论如何，还是要多行善事”“无论如何，还是要为弱者而战”等十句名言。

我觉得这十句话里有九句我能够做到，但唯独有一句我不太能做到。

那就是第一条：“无论如何，仍去爱他们。”

我一直认为如果我能爱他人，他人自然也会爱我，相互之间能建立起信赖，因此我会想对尽可能多的人示好。但是，十有八九是能让我喜欢的，但也会有那么一两个人是让我生厌的。

我们真的能做到去爱所有人吗？这种像上帝一样的人真的存在吗？

在人类的历史中，这样的人可谓凤毛麟角。特蕾莎修女、圣雄甘地、耶稣就是这样的人。我曾看过有关甘地的电影，在印度，几乎所有的人都尊敬他、爱戴他。这是因为甘地爱所有的人。

当甘地现身时，每一个人都想要去接近他、与他说话或是握手。我看完这部电影，觉得甘地应该是印度最幸福的人。

眼下，面对某项困难的工作，你可能正在全力以赴地奋斗，以便取得一些成果，在这个过程中，需要与自己合不来的一些人组成合作伙伴的关系。在处理这些棘手问题的过程中，让自己得到了锻炼。所谓“锻炼自我”，往往就是使自己获得成长，而这种成长如果能让我们被更多的人所喜爱，那么对你来说，这将是莫大的幸福。

在我们向他人表达自己的想法之前，必须先了解对方的情况。如果不能在考虑对方立场和想法的基础上进行发言的话，我们所说的内容也不可能有说服力。

要理解和接纳他人，必须以宽容和友爱为前提，这样才能结成相互理解与信赖的关系。

第四章

让意见更容易被采纳的说话方式

相信各位读者读到这里，对于沟通和交流中什么才是最重要的，已经有了一个清楚的理解了。

本章将在这些内容的基础上探讨，如何让我们发表的意见更容易被大家采纳的一些“战略技巧”，希望大家能将其运用到日常的会议中，以达成理想的效果。

1. 在会议中抢先发言，掌握主导权

怎样才能快速拉拢中间派呢?

大家在参加会议时，都擅长让自己发表的意见得到通过吗？为了让我们的意见能被与会人员采纳，“具体表达的内容”固然很重要，但是也不要忘了“在什么时机发言”同样很关键。虽然也有例外的情况，但是我一般出席会议时都会抢先发言，这样更容易掌握主导权。

例如，我曾经以委员的身份出席了由“国土交通部”召开的关于出租车行业若干问题的审议会。对于出租车行业的管制问题，与会人员大致分成了“缓和派”与“强化派”两大意见阵营，而我则属于“强化派”的。

在小泉内阁执政时期，出租车行业由于实行宽松的管制政策，导致供给过剩，每家出租车公司的营业额以及司机的工资都在大幅下降。这样一来，出租车行业为了维持经营，不得不开始谋求涨价。羊毛出在羊身上，最后还是转嫁到了消费者头上。所以，作为出租车这样一个特殊的行业，松于监管，必然会给消费者的利益造成损失，因此，我才赞同强化管制政策。

在这次会议上，“缓和派”“强化派”“中间派”的人数都差不多。因此，为了掌握讨论的主导权，就必须尽快将“中间派”的人拉拢到我们这阵营来。那样的话，在一开始就可以分出胜负了。

所以，我提前将自己的发言内容总结成了文字，并反复地进行排练，将其牢记在头脑里。然后，在第一次审议会的讨论环节一开始，我就抢先举手，阐述希望能强化管制的意见。这样一来，整个审议会的气氛就会发生改变，原本被看作“中间派”的人，也开始一个接一个地发表赞成强化管制的意见。

不仅仅是这次审议会，几乎所有的会议场合，往往都是“赞成派”与“反对派”占少数，而“中间派”占大多数。因此，关键要能在会议中抢先发表具有说服力的意见，将“中间派”拉拢到自己的阵营。

实力不被认可的话，再有用的意见也不会被采纳

不过有时在公司内部的会议上，你再怎么抢先发表有说服力的意见，“中间派”也不会倒向你这边。理由很简单，因为你没有得到他们的信赖。

像公司这样的环境，大家在一起共事已久，相互之间对彼此的实力都有大概的了解。所以，如果你的实力没有得到认可的话，那么很遗憾，无论你的意见说得多么天花乱坠，都不会被对方采纳。

这种情况下，一个有效的办法是，可以请与我们持相同意见的人代为发言。

当然，也可以通过“对大家的意见进行提问”的方式，将整个讨论引导到我们所希望的方向上，不过相比之下，请与我们持相近意见的人代为发言会更好一些。

总之，在出席会议时非常重要的是，不仅要想好“具体表达的内容”和“在什么时机发言”，还要知道“由谁来发言”。

再重要的内容，也会因说话方式产生不同的效果

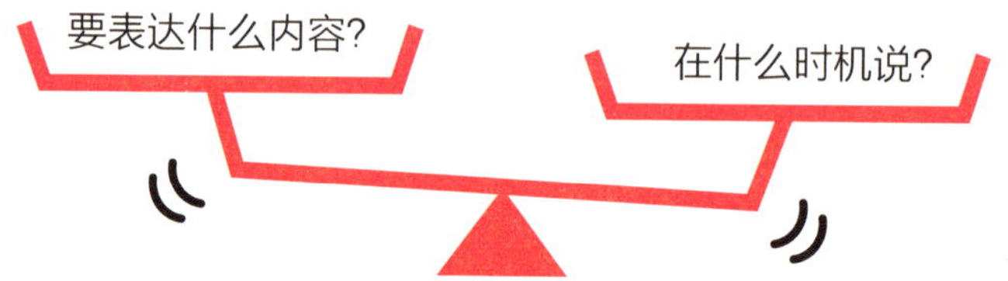

都是同等重要的!

掌握会议主导权的方法

在会议上，通过抢先发言来拉拢中间派的意见!

请与自己持相同意见的人代为发言

让意见被采纳的技巧

抢先进行有说服力的发言

2. 会议也是一场预测游戏

有时候“后发制人”也能让我们的意见更容易被采纳

正如前面所说的，一般在会议中抢先发言，才能更容易掌握主导权。就像棒球比赛，先发制人获得分数，会让整个比赛朝着有利于我们的方向发展。对于会议，我几乎都会考虑抢先发表有冲击力和说服力的意见。

但是这其中也有例外。那就是当很多与会人员对我的意见持反对态度时。

这种情况下，即便我抢先发言了，之后反对的意见也会一个接一个地被提出来，而我最初发言的内容，就湮没在这些“多数派”的意见中了。

面对这种情况，可以等到大家的意见都发表得差不多了，再以这样的形式发表意见：“A 君提的意见有某些优点与弱点，

B 君提的意见也有某些优点与弱点。所以，如果按照我说的去做的话，会怎么样呢？”这样才能提高提案被采纳的概率。就像“石头剪刀布”的游戏，晚出的人总是会赢的。

商业的场合有时就是一场关于预测的游戏。在出席公司内部的会议时，通过观察出席者的表情，就能大致预测出他想要进行什么样的发言。

所以，我们可以通过对会议流程的预演，就“我今天是要第一个发言，还是最后一个发言？以什么为切入口进行发言？”等进行反复排练，然后再去参会。

对于可能遇到的反对意见，提前想好自己的回答

在对会议进行预演时，还有一个关键点，那就是预测自己的意见表达之后，可能会受到来自反对者的何种反驳。

无论是什么主题的讨论，反对意见都不会有很多，通常最多也就是四种。另外，就像之前所说的，参加公司内部会议的都是一些固定成员，所以谁会提出什么样的反对意见，基本上大致能猜到。

所以，在会议开始之前，就想好可能会遇到的反对意见，

并且，“如果他这样问的话，我就那样去反驳”，像这样提前做好准备。

在参加重要的会议时，由于紧张的缘故，我们对于那些平时可以很轻松地加以反驳的意见，也常常无法流畅地发表。如果我们不能在对方提出反对意见时，及时地给予反驳的话，就意味着我们被对方的理论打败了。所以，我们一定要避免出现这种“好不容易想出的绝佳意见，因为不能及时地反驳对方，而功亏一篑”的情况。因此，事前的准备工作就显得尤为重要。

我把这看作开会时的一个“战略”。正如我们在给客户进行展示时，都会想到要提前准备，那么，同样的道理，在出席会议之前，也要做好相应的准备工作。

特别是要对可能遇到的反驳意见，进行事先的准备

会议也是一场预测的游戏

· 会出现什么样的反对意见
· 谁会发表什么样的意见
对于公司内部的会议，这些都是可预测的

让意见被采纳的技巧

出席会议前的预演也是不可缺少的

3. 开会前十五分钟找好座位

要想引起关注，就坐到显眼的座位上

我通常会在会议开始前的十五分钟进入会议室。

这么做的理由有两个。

其一，如果我到得比谁都早的话，就可以自由地挑选座位。

对于那些不是很重要的会议，我通常并不是很想出席，但由于自己的身份，有时又不得不出席。这种时候，我会用文件夹装上一些文件带到会场，在开会的同时处理一些“私人工作”。但如果被大领导看见的话，肯定会招来一顿臭骂。所以，我早点儿进入会议室，可以确保自己能坐在一个大领导看不到的死角位置。有时一开就是半天的无聊会议，这期间，我可以处理完两件重要的工作，也算是没有浪费时间啊。

相反，如果希望领导今天能听一听我的意见的话，同样也

要尽早地进入会议室，以确保能坐到领导面前的座位。在开会时坐在非常显眼的座位上，并且做出非常想要发言的姿态，这样才能吸引领导的注意。

会前十五分钟可以进行充分的预演

我提前十五分钟进入会议室的另一大理由，就是可以利用这个时间浏览会前发放的会议资料。

不知道各位的公司是怎么做的，东丽公司一般在开会时都会发一大堆会议资料。而我则可以利用这十五分钟，将所有资料通览一遍，这可以让我更好地抓住当天会议的重点。当然，有些时候不会发会议资料，这时就可以处理随身带来的文件。

这十五分钟的时间，同样也可以被我拿来进行相关的预演。“这个部分是今天会议的重点，所以某某君肯定会这样说，到时候我就那样去应对”，像这样对整个会议的流程在头脑中过一遍。

反复进行类似的预演，可以有效地提高预判的准确度。

除了我以外的人，都是踩着会议开始的时间点急急忙忙地赶来，当然也顾不上通览会议资料了。他们等到会议开始以后，听完主持人的相关说明，才能把握一个大概的情况。因此，无论是我们自己发表意见时，还是要反驳对方时，都要做到有备无患才行。

我和他们的区别，仅仅是能提前十五分钟进入会议室而已，但就是这小小的区别，却带来了巨大的差异。

所以，如果大家想让自己的意见在会议上被采纳，就不要在这些细节上怕麻烦。

虽然只是提前了 15 分钟，却带来了巨大的效果差异

提前 15 分钟就座

十分娴熟从容的发言才具有说服力

踩着点儿进来

毫无准备的意见当然不会被采纳

让意见被采纳的技巧

提前 15 分钟到场，让自己做好彻底的准备

4. 简单 = 易懂 = 被采纳

为了获胜，没有闲工夫听多余的说明

东丽公司的经营大会，参会者提交二十页、三十页的会议资料，都是司空见惯的事情，所以我的五张纸资料，已经可谓是“异类”了。

经营大会通常会开三个小时，会议期间，要讨论三到四件案子。算下来的话，平均每件案子讨论的时间只有一个小时而已。

在这样简短的时间里，提案者要就资料的内容进行说明，然后经过与会者的集体讨论，再得出一个最终的结论。

这样一来，如果事先准备的都是三十多页的资料，为了不超时，就要中途跳跃着进行说明。结果就是这些零零散散的内容，让整个说明变得不得要领。

较少的资料才能实现高质量的会议

如果减少资料的篇幅，控制在几张纸以内的话，那就要求提案者必须剔除掉多余的信息，进行简明扼要的概括总结才行。

这样一来，与会者只要大致扫一眼资料的内容，就能准确地把握要点。

而且资料的内容减少了，也就意味着可以在较短的时间内完成说明的工作。我通常花二十分钟就能说明完毕，因此剩下来的四十分钟时间，就可以用于充分的讨论。

也就是说，我们准备的资料越少，与会者就越能准确地把握内容，并用充分的时间进行本质性的讨论。这样才能实现高质量的会议。

我每次开会时都亲自准备资料，然后每次我的提案都能获得较高的通过率。

久而久之，“佐佐木写的提案书非常易懂，也很容易获得通过”这样的评价就在公司内传开了。

甚至在我担任东丽经营研究所社长时，还有来自总部的一些事业部长拜托我，替他们写作会议上用的提案书。

资料和说明都要尽可能做得简单易懂，这样才更容易被采纳。

这就是所谓的“简单 = 易懂 = 被采纳”原则。

最大程度地删减多余信息，让资料的内容简单易懂

资料太多

只能进行概括性的说明，让人听得不得要领

资料

说明的环节占用太多时间，导致没有时间进行充分的讨论

意见没有被采纳

资料少一点

要点就很容易被理解

资料

说明的环节非常简短，接着可以进行充分的讨论

意见被采纳

制作简短易懂的资料的方法

①根据不同类型的问题，制作资料的大纲，然后进行思考

②从整体性的内容中筛选出个别的内容

③以图形化的形式呈现

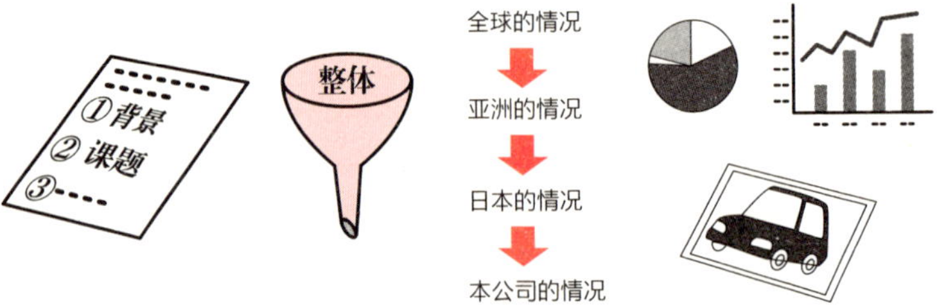

让意见被采纳的技巧

10 条要点就显得太多了，总结成 3 条即可

5.“能让他人倾听的人”VS“无法让他人倾听的人”

让周围的人意识到我的存在

前文曾提到过，我在参加关于“出租车行业若干问题”的审议会时，会通过抢先发表强化管制的意见，来把握整个讨论的主导权。

审议会的议程是，每次由主持人进行相关的说明，然后是委员长发言：“那么各位委员，如果有意见要发表的话，请举手示意。”这样就开始了讨论的环节。我会在委员长“请举手示意”话音刚落的瞬间，就立刻举手，并大声说“我要发言”。这样的话，委员长就会注意到我这边。

这一招在审议会上用了两次之后，到第三次会议时，与会者都会不约而同地望向我，并心想：“不知道今天佐佐木又要发表什么样的意见啊？”当然，我也不是次次都抢着发言，有时也会保持沉默。

但重要的是，通过抢先发言这样的行为，让周围的人意识到我的存在。这样一来，大家才会愿意去倾听我接下来的发言内容。所以，关键就在于“当我们想要发言时，一定要营造一个让大家都来倾听我意见的氛围”。

在理性的话语中，加入丰富的情感表现

在会议中，为了营造“让大家都来倾听我意见的氛围”，发表“能使与会者印象深刻的、有冲击力的讲话”才是关键。

以我的经验，通常会注意使我所说的内容在逻辑上保持严谨性，但也会在其中加入能打动听者的表现形式。就说那次关于出租车行业的审议会吧，我就是这样说的：“现在，出租车司机的年收入仍在不断地减少。像这样收入水平仅能保障基本生活的司机，在日本还有好几万人。作为跟他们生活在同一个时代的我们，难道就能这样坐视不管吗？”

当然，如果我们的讲话全部饱含情感的话，肯定也会吓退听者。一般来说，要在理性的内容中，在关键的地方诉诸情感的表达，这样才会非常有效，让对方在道理上被说服，在情感

上被打动。

此外，我们还可以在发言中引用典故、谚语、名人名言，甚至《论语》中的句子，这样才能让对方印象深刻。

有的人会觉得为了能在会场上说出有冲击力的话语，必须事先进行如此周到的准备，这太麻烦了。当然，如果每次都这样准备的话，确实有再多的时间也不够用。所以，如果是对自己来说不是很重要的议题，大可不做任何准备就出席，这也没关系。不过，如果是很重要的会议，那就要尽全力去做准备。

要营造一个让别人倾听我们意见的氛围

抢先发表有冲击力的发言

让周围的人意识到我的存在

当我发言时，很自然地会受到关注

加入富有情感的表现

引用故事或者谚语会很有效果

基本上以逻辑性的内容为主

晓之以理，动之以情

让意见被采纳的技巧

开会时，在恰当的时机，使出全力进行发言

6. 发言的机会不是别人给予的，而是自己争取的

发言要重“质量”轻“数量”，说得太多，反而会带来负面影响

在会议等一些场合，要想让自己面对周围的人，发表有影响力或者使人印象深刻的讲话，关键不在于发言的“数量”，而是发言的“质量”。

虽然俗话说：“再蹩脚的枪法，多开几次枪也有打中的时候。”但是蹩脚的发言，却只能越说越说不到点子上。这只会让与会者认为你“怎么说来说去全都是些枯燥无味的废话”，最终谁都不愿意去倾听你的发言了。即便真的是很重要的意见，发言者往往也容易说个没完。

因此，在会议等场合，对于那些看来并不是很重要的事情，还是保持沉默比较好。而且，最好只在“这一点上绝对不能让

步，该轮到我登场了”这样的时刻才发言。不要总是采用“蹩脚的枪法”，而应该做到“有的放矢”。只有这样，大家才能认认真真地听我们的讲话。

与关键人物提前通气，以确保发言的机会

我为了确保遇到“这里该轮到我登场了”的时候，能够获得发言的机会，还会提前做一些准备工作。

还以有关出租车行业的审议会为例吧，几次会议开下来，我已经将整个讨论引导到我所设想的方向上了，所以，我会有意地不再抢着第一个举手发言。但是，在整个审议接近尾声时，就到了我认为“这次必须率先发言”的时刻了。为此，我会事前去和委员长通气，向他表示：“今天有特别想说的内容，所以拜托你，请允许我第一个发言吧。”这样的话，在审议会一开始时，委员长就会边看着我的表情，边说：“还有谁要发表意见啊？”然后点名让我来说。像这样通过提前通气的方式，就确保了我的发言机会。

我在东丽公司任职时，从当课长一职开始，就常常做类似的事情。在部内的会议上，我一般都不怎么发言，但若遇到“必

须发言”的情况时，就会提前去部长那里，向他表示：“今天我有很特别的意见想要想当着大家的面进行发表，所以能不能给我一些时间呢？”

只要不是特别难讲话的部长，面对来自课长“请给我一点发表的时间”的要求时，应该都会愿意给予他率先发言的机会。

而且，部长也会对“特别的意见到底是什么内容”抱有兴趣，想要听一听这个课长的发言。

实际上，“事先通气”这种做法不仅能确保我们发言的机会，更能吸引关键人物（如部内会议时就是部长）对我们的关注，可谓是让关键人物也能认真听我们发言的一种战术。

当然，这种“事先通气”也不能太过频繁，应该把它当作是我们“想要让所有人都听一下我的这个意见”时的秘密武器。

在会议上的发言，要更加注重“质量”，而不是“数量”

意见被采纳的人

事先通气

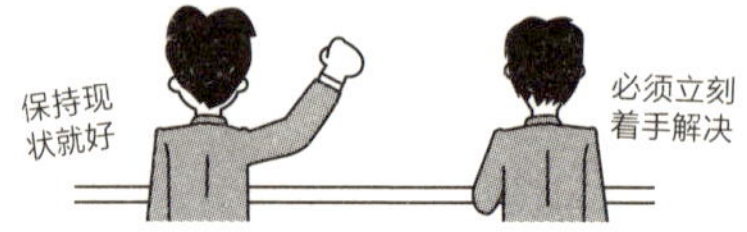

对自己来说不重要的议题，可以保持沉默

自己的发言受到关注

意见不被采纳的人

没有深入的思考，只能是反复的发言……

重要的场合，意见却被忽视

让意见被采纳的技巧

不要使用“蹩脚的枪法”，而应做到“有的放矢”

7. 为了让意见在会议上被采纳，有一件事情需要知道

对于自己无法出席的会议，也要做好“场外工作”

虽然本章的主旨是想说说“在会议上让自己的意见被采纳的说话方式”，但实际上，还有一件事情想要告诉各位读者。

那就是自己的意见能否在会议上被采纳，其实在会议开始前，胜败就已经决定了九成。

你事前有没有就发言的内容进行反复练习，有没有进行过相关预演，有没有提前去通气等，就已经提前决定了胜败，但很多人还是会毫无准备地去出席会议。所以，只有事先做过这些准备工作的人，才能保持压倒性的优势。

我对自己出席的会议自不必说，就算是无法出席的会议，也同样会很重视事前的准备与通气工作。

比如说，由经营管理层出席的经营大会，作为中层管理者，

基本上是无缘参会的。所以，就算我有一项特别想要提交经营大会进行讨论的方案，也不可能直接跑去会场发表意见。但是，也不是说因此就只能听天由命了，我们可以做一些“场外工作”。

特别是我在担任经营企划室室长时，常常会去拜访专务或常务，表示“想就这次会议上讨论的方案做一点说明”。同时，我还会一边注意着对方的表情，一边说：“如果专务您也与我持相同意见的话，能否请您在会场上对此进行发言呢？”像这样向前再迈一步直接拜托对方。所以你看，即使是无法亲自发言的会议，我们也是有很多工作可做的。

下属的晋升，也可通过事前通气来实现

除了会议之外的场合，这种“场外工作”也很有效果。当我有想要提拔的下属时，会不失时机地在上司或者人事部门的负责人面前，表达“我们课的课长助理是很优秀的人”的意向。

例如，某个项目成功完成时，常常会召开庆功派对。那时，我就会把想要提拔的下属，引荐给上司：“实际上，这次项目能大获成功，要归功于他一个人。”像这样来介绍他，这样一来，在上司的头脑中就会留下“佐佐木的课室里有个很优秀的下属”

的印象。

等到数月后，领导在进行晋升资格审查时，看到这名下属的晋升申请表，就会想起来：这不就是那个时候的那个人吗？这样，该下属获得较高评价的可能性就提高了。有的人是等到提交下属晋升申请表之后才想起与上级沟通，然而为时已晚。

花朵不是突然开放的，之前要整理土壤，播种浇水，最终才会开花结果。自己的意见或者要求能被采纳，也是一样的道理，必须事前认认真真地做一番工作。

会议的成败，九成取决于事前的准备工作

事先通气

脑中预演

意见能否被采纳，其实在会议开始之前就已经决定了

推敲发言内容

当自己无法出席会议时……

场外工作

很多人都是毫无准备就去参会的，
因此只要你做好事前的准备工作，效果就会很牛！很超群！

 **让意见被采纳的技巧**

即便自己不能出席会议，也有很多“场外工作”可以做

8. 像推敲文章一样去深入讨论

善于讨论的集体，才能诞生出优秀的点子

这个世界上，有能够一直保持业绩增长的公司，也有被市场淘汰的公司。同样，即使是在同一个公司中，会有业绩屡创新高的团队，也有一直业绩低迷的团队。

如果要说它们之间有什么区别的话，那就是团队的体制能不能让成员之间通过深入讨论，得出一个“集体的智慧”。

无论聚集了多么优秀的人才，那也只不过是每个人头脑中的零星火花。如果不能通过讨论使其产生“集体智慧”的话，这些优秀的人才也等于是“空藏美玉”。

相反，如果一个团队能够汇聚每一个人的优势，并能展开集体讨论的话，就一定能诞生出各种优秀的点子。

未经讨论得出的结论，就像未经推敲写出的文章

我常将“团队成员的反复讨论”，比喻成“写文章时的反复推敲”。

虽然至今为止我已经写了很多本书，但就像前面说过的那样，写作的过程一直是写了又改、改了又写，常常写着写着就会想：“我自己想说的内容，真的是这样的吗？”然后又冒出了新的点子和想法，又回过头重新写。而且文章写好之后，自己还会再读一读，如果感觉“果然还是感觉不太对”，就又会重新写，一直都是这样反复的过程。

也可以说，这是我从一个不同的视角去分析自己所写内容的一项工作。虽然写文章和读文章，都是佐佐木常夫同一个人，但在我的头脑中，其实是将一个人分身为许多人来进行讨论，从而让自己得到更好的成果。

所以，这样做的好处往往就是最后写出来的文章是当初下笔时都未曾设想过的内容。

那么，“团队成员的反复讨论”所起的作用，就相当于我上面所说的“在自己的头脑中，对所写的文章进行推敲”。

某个人提出他的点子和意见，然后大家站在不同视角，对

其进行深入分析和打磨，这就是集体讨论的意义。所以，集体讨论的意义就在于能诞生出仅靠一个人的力量怎么也想不出的好点子。

实际上，我在书中所阐述的这些工作技巧，也都不是仅靠我一个人创立的理论。这都是在与他人共事时，就“到底是该这样做，还是那样做”等问题进行许多次讨论中诞生出来的。

大家想要就某个重要的议题得出结论时，一定要以集体讨论的形式，从不同的视角得出“集体的智慧”。

构建能激烈讨论、交流的团队

要让成员们相互之间讨论并产生“集体的智慧”

能想出一个人绞尽脑汁也想不出的点子

从不同的视角分析问题

团队成员间的讨论，堪比写文章时的推敲工作

催生出优秀的点子

让意见被采纳的技巧

对于重要的主题，要通过讨论来产生“集体的智慧”

9. 说出“有灵魂的话”

重要的不仅仅是说话方式

对于所有读到这里的读者朋友，希望大家都能记住一件事。

那就是，虽然本书中就如何改善说话方式，从各种角度进行了解说，但凌驾于这些技巧之上的，仍然是能够打动人心的内容。

也就是发言者的真心话，或者说用语言所表达出的真实想法。

我认为这种凝结了说话人灵魂的讲话，才能无条件地打动人心。

即便不善言辞，只要是认真的发言，也能打动领导层

这里，我想讲一个我作为东丽公司经营企划室室长，在经

营大会事务局工作时所遇到的一个真实故事。在某次经营大会上，就“是否要终止某项财务赤字的业务”这个议题，展开了激烈的辩论，讨论到最后，得出的结论是一边维持这项业务，一边继续寻找解决的办法。所有领导的意见也都说得差不多了，我想：那么就这样决定了吧。

这时，作为该项业务负责人出席会议的部长却举手发言：

“今天大家所讨论的解决办法，其实我们部门在这一年的时间里已经没日没夜地讨论过了。所以说，没有再继续进行讨论的余地了。”

接着，他在列举了各种实例的同时，很平淡地说出了应该终止这项业务的理由，但是能看到其脸上的表情十分痛苦。

他的整个说明过程，谈不上能言善辩，因为其磕磕绊绊的话语，肯定不是让人很愿意听的样子。但是他认真的态度，就已经很好地将与这项业务有关的事实与问题传达出来。

领导们都安静地在听他的说明，而且，在交换意见之后，根据他的主张做出了“终止该业务”的决定。

那一瞬间，我完完全全被打动了。原因就是我了解到他为了重新改革这项业务所付出的种种努力。在好几个月的时间里，他完全牺牲掉了个人的生活，试图去寻找各种可能性，但结果却是必须终止这项业务，所以他才能做出打动领导的发言。

因此，我才会这样想：要打动人心，不仅要靠说话的技巧，“有灵魂的话”才更有力量。

如果大家今后想成为一个称职的领导，我当然希望大家能锻炼好自己的说话方式。但是，与此同时，也要锻炼自己能够说出“带有灵魂的话语”。

这需要在认真对待日常工作与生活的过程中慢慢地加以掌握。

超越技巧，打动人心的瞬间

某天的经营大会上

虽然谈不上“能言善辩”，但真切地表达出了迄今为止所付出的努力

打动领导的心

“有灵魂的话”= 在认真对待日常工作与生活的过程中慢慢地加以掌握

让意见被采纳的技巧

不仅要用说话的技巧打动人，“有灵魂的话”才更有力量

专栏四　打动人心的话语

“男人要坚强，才能生存下去；男人要温柔，才有资格生存下去。”

这句话出自雷蒙德·钱德勒所著小说《重播》中的侦探菲利普·马洛之口。

以不屈的斗志领导英国打赢“二战”的温斯顿·丘吉尔曾说过“悲观主义者在每个机会里看到困难，乐观主义者在每个困难里看到机会”“要成为现实的乐观主义者”等这样的名言。

法国哲学家阿兰说过：“悲观主义是情绪的产物，乐观主义是意志的产物。”

丘吉尔无论处于何种苦境之下，都屹立不倒，保持勇往直前的态势。

当遇到困难时，如果没有一种不屈不挠的精神，没有不放过任何一个微小机会的希望，那么人将无法生存下去。

这种强烈的意志以及为了自己的欲望，往往能成为工作的原动力。

但是，如果仅仅以此来投入工作，那么你的工作也不会取得什么成果。因为周边的人都知道这个人是在为了什么而工作。所谓“工作”，应该是为了整个团队、为了客户、为了这个社会，以及其他人才对，如果没有这样的志向，便很难取得成功。

说起人为何而工作，说到底，还是为了这个社会、为了他人，总之，就是为了做出贡献而去工作。

说起“温柔”，其实就是一种爱心，愿意为他人做出贡献。这样的“温柔”给人以勇气，赋予团队活力，并为世界带来幸福。

在《日本最重要的公司》这本书中曾提到过有关“日本理化工业”的内容。

“人最大的幸福，莫过于被他人爱，被他人褒奖，对他人有用，被他人需要。而工作这件事，除第一条以外，能让我们实现其他的三条。”

在这个公司的员工中，有七成是智障人士。当大山泰弘会长看到最初所雇用的两名残疾人每天废寝忘食地努力工作时，他问他的老师：“为什么他们这么埋头于工作？”老师给他的回答，就是上面的这句话。

也可以说，这就是人活着的意义以及工作的动机。